Andreas Michel-Andino
Philosophie des Zauberns

Andreas Michel-Andino

Philosophie des Zauberns

Ein Essay über das Staunen

Mit einigen kleinen Täuschungen
zur eigenen Erprobung

KRÄMER

Die Deutsche Bibliothek - CIP-Einheitsaufnahme

Michel-Andino, Andreas:
Philosophie des Zauberns. Ein Essay über das Staunen /
Andreas Michel-Andino. - Hamburg : Krämer, 1994.
ISBN 3-926952-88-1

© Verlag Dr. R. Krämer, Hamburg 1994
Zeichnung auf der Titelseite: "Gleichgewicht" von Ralf Godde. Entstan-
den als Plakat für das "Varieté für Vernunft" nach einer Idee von Andino.
Die Zeichnungen auf Seite 48 , 49, 52 und 55 stammen von Ralf Godde.
Druck: Rosch-Buch, Hallstadt
Printed in Germany
ISBN 3-926952-88-1

Meiner Frau gewidmet

"Wäre die Welt klar,
würde die Kunst nicht existieren."

Albert Camus

Inhalt

Anstelle eines Vorwortes

"Bücher sind nur dickere Briefe an Freunde."
Jean Paul

Dieses Büchlein ist eine kleine Liebeserklärung. Eine Liebeserklärung an eine oft verkannte große Kleinkunst: an **die Kunst der Verzauberung** oder **die Kunst der freundlichen Täuschung**, wie sie Ferdinand Kamender einmal so treffend genannt hat.

Mit den verschiedenen Bezeichnungen beginnen hier aber auch gleich die Schwierigkeiten, und deshalb kann ich nur inständig hoffen, daß Sie nicht zu den Lesern gehören, die niemals Vorworte lesen, denn sonst könnte es sein, daß Sie sich in den Begriffen der folgenden kleinen Betrachtung verfangen. Denn wie soll man das nennen, was ein Zauberkünstler tut? Als **Magie** sollten wir diese Kunst ganz sicher nicht bezeichnen, denn damit können auch ganz und gar andere Tätigkeiten gemeint sein. Auch das Wort **Zauberei** ist noch recht verfänglich. **Zauberkunst** hat sich hingegen schon eher als ein Begriff etabliert, der unser Tun recht gut wiedergibt und auch nur selten zu Mißverständnissen führt. **Täuschungskunst** ist ebenfalls recht treffend, hat aber leider einen negativen Klang. **Unterhaltende Täuschungskunst** oder gar **Unterhaltungstäuschungskunst** klingt nicht so negativ, dafür handelt es sich aber um Wortungetüme, die ich dem Leser nur manchmal zumuten werde. Illusionskunst oder eben **die Kunst der freundli-**

chen **Täuschung** sind die Begriffe, die ich bevorzuge, aber auch das Wort **Zauberkunst** können Sie nun richtig einordnen, wenn es Ihnen auf den nächsten Seiten begegnen sollte. Immer geht es dabei um die Kunst, mit Täuschungen zu unterhalten, mit Illusionen ein Publikum zu verzaubern. Die **Kunst der freundlichen oder der amüsanten Täuschung** (Martin Michalski) als Teil der großen Kunst, Menschen zu unterhalten, sie durch Lachen und Staunen dem Alltag zu entrücken, ist das Thema dieser Betrachtung.

Dieses kleine Werk ist aber gleichzeitig eine Liebeserklärung an das verständige Publikum, das für diese so schwer zu beschreibende Kunst eine tragende Rolle spielt. Die Rolle des Publikums als konstituierender Faktor des Täuschungsprozesses ist vielleicht sogar das Interessanteste, was die Zauberkunst zur ästhetischen Theorie beizutragen hat. In diesem Bereich unterscheidet sie sich von allen mir bekannten Kunstformen. Aber dafür benötigt sie natürlich ein Publikum, das bereit ist, den Vorgang der Illusionsbildung mitzutragen und nicht einfach nur nach der Funktion eines Kunststücks zu fragen. Die Bereitschaft, sich täuschen zu lassen und dies als eine Kunstform zu akzeptieren, setzt beim Zuschauer eine Form der Reife voraus, die andere Künste ebenfalls kaum benötigen. Einem solchen Publikum ist der Illusionskünstler immer zu Dank verpflichtet, denn ohne es wäre seine Kunst schlechthin nicht existent. Und deshalb richtet sich dieser kleine Essay über das Staunen als zugegebenermaßen recht dicker Brief vor allem an eben dieses verständige Publikum, das vielleicht noch etwas mehr über diese schöne Kunst erfahren möchte. Ich hoffe, Sie gehören dazu!

Da ich Sie nun schon dazu gebracht habe, dieses verkappte Vorwort zu lesen, kann ich Ihnen auch gleich noch die Vorgeschichte dieses Büchleins erzählen. Und diese hat viel mit der Stadt Frankfurt am Main zu tun. Dorthin wurde ich nämlich von der Schopenhauer-Stiftung zu einem Vortrag mit dem Thema "**Zauber des Philosophierens - Philosophie des Zauberns**" eingeladen. Diese Themenstellung ist eine Idee von Frau Angelika Hübscher, der ich die Einladung zu verdanken hatte. Für die Erlaubnis, den zweiten Teil dieser Themenstellung hier als Titel verwenden zu dürfen, möchte ich mich noch einmal ausdrücklich bei ihr bedanken. Den ersten Teil wird der geneigte Leser als Kapitelüberschrift wiederentdecken.

Als ich Herrn Dr. Reinhold Krämer anläßlich der Frankfurter Buchmesse 1993 von dem Vorhaben dieses Vortrages erzählte, war er sofort der Meinung, daß man daraus ein Buch machen sollte, mit dem erweiterten Vortragstext und einigen erläuternden Abbildungen. Auf diese Idee bin ich sehr gerne eingegangen, und das Ergebnis liegt nun vor Ihnen. Der Vortrag selbst wurde, untermalt und abgerundet durch einige Kunststücke aus meinem abendfüllenden Programm, am 1.2.1994 im Frankfurter Literaturhaus gehalten und löste eine interessante Diskussion aus, die den Abend auch für den Vortragenden zu einem unvergeßlichen Erlebnis werden ließ. Auch dafür möchte ich mich hier noch einmal bei allen Beteiligten herzlich bedanken.

Mein besonderer Dank für aktive Unterstützung bei der Fertigstellung des Manuskriptes in Form von Anregungen, weiterführenden Informationen und stilistischen Korrekturen gilt meiner Frau, Dr. Sabine Michel, den Freunden und

Kollegen Michael Sondermeyer, Dr. Jürgen Alt, Klaus-Peter Pfeiffer, Martin Mersch sowie Ralf Godde für die erläuternden Zeichnungen und das Titelbild.

Unterhaltung als Kunst

"Vielleicht gibt es am Ende nur eins zu tun, wenn man die Menschen liebt: sie über die Wahrheit zum Lachen bringen, die Wahrheit zum Lachen bringen, denn die einzige Wahrheit heißt: lernen, sich von der krankhaften Leidenschaft für die Wahrheit zu befreien."
Umberto Eco, Der Name der Rose

Mit dem Gedanken, daß Unterhaltung Kunst sein könne, haben sich deutsche Philosophen, Kunsttheoretiker und Kritiker bisher immer schwergetan. Nicht so in anderen Ländern: Die Engländer halten den Humor für eine überaus wichtige und ernste Sache, für Amerikaner ist Entertainment überhaupt ein wichtiger Bereich des kulturellen Lebens, in dem selbstverständlich große Leistungen vollbracht werden. Im französischen Sprachraum gilt die Artistik ebenfalls als kulturell wertvoll, und in südlichen Ländern ist die Aufgeschlossenheit gegenüber einer Kunst, die vor allem Spaß machen und damit unterhalten soll, genauso groß. Dies alles bekommt man auch als deutscher Unterhaltungskünstler zu spüren, wenn man vor einem Publikum aus diesen Ländern auftritt. Schnell hat man das Gefühl, als Künstler akzeptiert und ernstgenommen zu werden, was hierzulande nicht immer der Fall ist. Allerdings hat auch im deutschen Sprachraum das Publikum weit weniger Probleme mit der Unterhaltung als die Kritiker. Im täglichen Veranstaltungsbetrieb nimmt die Unterhaltung sicher den weitaus größten Raum ein, und die Gagen für Unterhaltungskünstler sind keineswegs schlecht. Letzteres muß allerdings nicht unbedingt ein Indiz für wirkliche Wertschätzung sein, denn in fast allen genannten Ländern ist diese Wertschätzung zwar recht groß, aber der Markt für die entsprechenden Darbietungen eher schlechter bzw. die Bezahlung geringer, es sei denn, man ist ein Superstar. Offensichtlich sieht man bei uns gerne Jongleure, Clowns, Akrobaten und eben Zauberkünstler auf der Bühne und bezahlt sie auch dementsprechend, aber als Kunst begreift man ihre Tätigkeit deswegen noch lange nicht! Und auch die Vertreter dieser Sparten selbst erheben nur selten den Anspruch, Kunst, sei es auch mit unterhaltendem Charakter, zu präsentieren.

Womit mag das zusammenhängen? Haben die Gedanken deutscher Theoretiker vielleicht doch größeren Einfluß auf das Denken der Menschen, als man gemeinhin anzunehmen bereit ist, oder spiegeln die Theorien vielleicht das wider, was die Menschen ohnehin denken? Beides hat sicher etwas für sich, aber offensichtlich gibt es inzwischen auch im deutschen Sprachraum einen gewissen Umschwung. Plötzlich kümmern sich ernsthafte Kritiker um die unterhaltenden Künste, ja, sie freuen sich sogar darüber, wenn sie selbst als Entertainer bezeichnet werden und bekennen sich offen zum unterhaltenden Charakter ihrer eigenen Tätigkeit! Möglicherweise ist diese Trendwende auf die größere Zahl internationaler Kontakte zurückzuführen und vor allem dem amerikanischen Einfluß auf unsere Massenmedien zu verdanken. In jedem Fall ist es aber eine Abkehr von den bisher vorherrschenden Denkmustern, nach denen Unterhaltung gar nicht oder allenfalls als **kleine Kunst** gelten kann. Dieser Trendwende entspricht auch eine neue Richtung der Philosophie: die **Postmoderne**. Durch das Infragestellen der Existenz einer letztgültigen Wahrheit erhalten alle Kunstformen, die einfach nur Freude bereiten wollen, gewissermaßen eine philosophische Rechtfertigung. Vielleicht könnte man sogar sagen, daß die Postmoderne das philosophische Pendant zur ästhetischen Aufwertung der Unterhaltung darstellt. Durch die Aufgabe des Wahrheitsgedankens rückt der Mensch in den Mittelpunkt, und die Kunst der Unterhaltung ist genau die Kunstform, die das Publikum - also den Menschen - in den Mittelpunkt ihrer Darbietungen stellt.

Auch die Philosophen selbst sind der leichten Muse nun mehr zugetan als in früheren Zeiten. Schrieben Camus und Sartre noch schwer verdauliche Theaterstücke und existentialistische Romane, so schreiben Denker wie Umberto Eco nun Kriminalromane, um ihre philosophischen Theorien zu illustrieren. Und auch Kinderbücher können heute als ernsthafte philosophische Literatur gelten. Es scheint mir keineswegs so, als wäre damit ein Niveauverlust verbunden. Im englischsprachigen Bereich ist es schon lange üblich, auch philosophische Gedanken in verständlicher Form zu präsentieren. Deshalb ist diese Philosophie keineswegs geringer zu werten als deutsche oder französische Denkansätze.

Man muß jedoch keineswegs allein die Postmoderne bemühen, um ein philosophisches Fundament für die Tätigkeit des Unterhaltungskünstlers zu finden. Auch **Schillers ästhetisches Ideal des zweckfreien Spiels** ist dafür hervorragend geeignet, denn wer würde das Ideal der Zweckfreiheit mehr verwirklichen als der Unterhaltungs-künstler, dessen Aufgabe es ist, die Zuschauer zu Teilneh-mern eines letztlich zweckfreien Spiels zu machen. Der einzige Zweck dieser Kunst ist die Unterhaltung selbst. Gerade damit ist sie zwar auch häufig von politischen Inter-essen mißbraucht worden (Brot und Spiele), mehr an Zweckfreiheit aber sucht man in der Kunst sicher vergeb-lich.

Die Unterscheidung Adornos in "große" und "kleine" Künste hat, trotz all seiner deutlichen Sympathie für die kleinen, unterhaltenden Künste, für viele Jahre die ästhet-ische Diskussion geprägt, die sich nun in eine neue Richtung zu entwickeln scheint. Hinzu kommt die ebenso gängige Unterscheidung zwischen ernster Kunst und Unterhal-tungskunst, an der ich hier zwar festhalten möchte, ohne jedoch den damit meist abwertenden Klang dieser Differen-zierung für die Unterhaltungskunst zu übernehmen. Die Unterscheidung als solche erscheint mir aber durchaus sinnvoll. Über sie gleich zu Beginn nachzudenken, ist deshalb unumgänglich, weil die Zauberkunst nun einmal eine unterhaltende Kunst ist. Etwas exakter ausgedrückt, gehört sie zur artistischen Unterhaltungskunst. Auf den fol-genden Seiten werde ich mich nun bemühen, zu begrün-den, warum die Kunst, Illusionen zu erzeugen, eine zwar unterhaltende, aber dennoch sehr ernstzunehmende Kunst mit einem eigenen Thema, einem ganz besonderen Verhält-nis zum Publikum, eigenen psychologischen Grundlagen und großer wissenschaftlicher Relevanz ist. Um dies tun zu können, muß hier aber zunächst einmal ausgeführt werden,

inwiefern Unterhaltung überhaupt Kunst sein kann und
was die Unterhaltungskunst von der ernsten Kunst unterscheidet. Dies ist also die Grundlage, auf der alle weiteren
Überlegungen aufbauen werden.

Warum ist es nun sinnvoll an der Unterscheidung zwischen unterhaltender und ernster Kunst festzuhalten? Ganz
einfach deshalb, weil es einen deutlichen Unterschied gibt,
der sich allerdings nicht auf den Wert, sondern auf das Ziel
der jeweiligen Kunstform bezieht. Ich möchte es folgender-
maßen formulieren:

**Die ernste Kunst orientiert sich primär an der Sache,
dem Inhalt oder der sogenannten Botschaft. Die Unterhaltungskunst orientiert sich dagegen zuerst am Publikum
und macht so den Rezipienten zum eigentlichen Akteur
des Geschehens.**

Von diesem Grundgedanken ausgehend, lassen sich
Sinn und ästhetischer Gehalt der unterhaltenden Künste
sehr gut bestimmen. So ergibt sich daraus direkt das **spezifische Ethos der Unterhaltungskunst.** Wer das Publikum
von vornherein in den Mittelpunkt stellen will, der muß
sich auch um dessen Wünsche und Bedürfnisse bemühen.
Er muß ein ganz besonderes Verhältnis zu seinen Zuschauern haben. Es ist häufig gesagt worden, daß der Unterhaltungskünstler sein Publikum sogar lieben sollte. Ich möchte
mit solch großen Worten etwas vorsichtig sein, sicher aber
darf er seinen Zuschauern nicht ablehnend gegenüber
stehen, denn das wird schnell registriert und entsprechend
bestraft. Gerade ein gutes Publikum kann grausam sein,
wenn es arrogante Ablehnung spürt.

Auch wenn man keine allzu großen Worte gebrauchen möchte, bleibt aber doch die Tatsache bestehen, **daß es sich bei der Unterhaltungskunst um eine dienende Tätigkeit handelt.** Eben weil sich das Publikum im Mittelpunkt befindet, kann der Künstler diesen Platz nicht selbst ausfüllen. Die Rollen werden gegenüber der ernsten Kunst einfach getauscht. Das impliziert auch eine starke Marktorientierung und den kommerziellen Charakter der unterhaltenden Künste, die sicher mit ein Grund für deren geringe Wertschätzung bei den Kunsttheoretikern sind. Allerdings sind inzwischen auch die ernsten Künste sehr kommerziell geworden, so daß hier ein gewisser Ausgleich stattgefunden hat.

Eine besondere Rolle spielt die Unterscheidung zwischen "U" und "E" in der Musik. Hier zeigt sich auch die Unhaltbarkeit der bisherigen Einteilung in besonderem Maße, denn Liedermacher mit oft sehr anspruchsvollen Texten werden meist zur Unterhaltungskunst gerechnet, während Bachs "Brandenburgische Konzerte" oder Mozarts "Kleine Nachtmusik" wie selbstverständlich zur ernsten Musik gezählt werden, was immer dieser Terminus dann noch beinhalten soll. Musik kann selbstverständlich sowohl unterhaltend als eben auch ernst sein, dieser Unterschied aber läßt sich nicht einfach an einem bestimmten Stil und auch nicht an einem bestimmten Komponisten festmachen, sondern müßte bei jedem Werk einzeln festgelegt werden, wobei dann auch noch Mischformen zu beachten wären. Gerade in der Musikgeschichte wird deutlich, daß ein und derselbe Komponist durchaus manche Werke einfach nur zur Unterhaltung seiner Mitmenschen und vielleicht zur eigenen Freude schaffen kann und andere, um einen bestimmten Inhalt in eine angemessene ästhetische Form zu bringen oder auch ein neues musikalisches Konzept zu erproben. Dies zu unterscheiden, ist für die Kunsttheorie durchaus nützlich, damit aber eine Wertung zu verbinden, halte ich weder für sinnvoll noch begründbar.

Die ästhetischen Gesetzmäßigkeiten sind die gleichen, unabhängig davon, ob es sich um Unterhaltung oder Ernst handelt. Dramaturgie, Choreographie, Sprechtechnik, Bewegungen auf der Bühne, Mimik etc. müssen ernst genommen werden, auch wenn man ein Publikum "nur" unterhalten möchte. Vielleicht muß man manches sogar ein bißchen ernster nehmen, denn schon die Pointensetzung bei der Erzielung eines komischen Effektes erfordert ein so exaktes Timing, wie es sonst in der Theaterkunst kaum erforderlich ist. Überhaupt hat der ernste Künstler immer noch die Möglichkeit, sich hinter dem Inhalt zu verstecken und damit möglicherweise gewisse technische Mängel zu überdecken. Der Unterhaltungskünstler muß eine klare Leistung präsentieren und eine direkte Wirkung beim Publikum erzielen, denn nur diese Wirkung ist seine Existenzberechtigung! Eine unterhaltende Kunst muß sich an ihrer Wirkung auf das anwesende Publikum messen lassen. Verfehlt sie diese, ist sie eben nicht unterhaltend und gefährdet ihre eigene Existenzberechtigung. Das gleiche gilt für den eine solche Kunst ausübenden Künstler. Die Berechtigung zur Ausübung einer unterhaltenden Kunst ergibt sich ebenfalls aus ihrer Wirkung. Wer diese nicht erreicht, verliert gewissermaßen seinen gesellschaftlichen Auftrag, denn die Unterhaltungskunst hat vielleicht als einzige Kunstform eine klar zu definierende gesellschaftspolitische Aufgabe, von der hier noch ausführlicher die Rede sein wird.

Zunächst muß aber noch ein weiterer wichtiger Unterschied zwischen ernster und unterhaltender Kunst erwähnt werden: **der Zwang zur Imagebildung.** Ein Unterhaltungskünstler ist darauf angewiesen, sich ein eigenes, unverwechselbares Image zu geben. Er muß sich eine eigenständige Bühnenfigur schaffen, die mit seiner Persönlichkeit übereinstimmt und ihn möglichst von allen anderen Künstlern seines Fachs unterscheidet. Dabei handelt es sich sowohl um eine kommerzielle als auch um eine ästhetische Nowendigkeit. Die Unverwechselbarkeit bringt Veranstalter dazu, gerade diesen Künstler zu engagieren (vorausgesetzt, sein Image ist im Moment überhaupt gefragt), und aus kunsttheoretischer Sicht könnte man sogar sagen, die Erschaffung einer eigenen Bühnenfigur und die ständige Arbeit daran sei das eigentliche Werk eines Unterhaltungskünstlers. Dazu gehört sicherlich auch die Arbeit an der eigenen Persönlichkeit, was deutlich macht, wie interessant gerade die unterhaltenden Künste für die Psychologie sind.

Sehr hilfreich bei der Schaffung eines eigenen Images sind sogenannte "Gimmicks", womit Kennzeichen gemeint sind, die den Wiedererkennungswert erhöhen. Die Glatzen von Yul Brunner und Telly Savallas sind hierfür vielleicht die bekanntesten Beispiele, aber auch Melone, Stock, watschelnder Gang und zu knappe Weste bei Charlie Chaplins Tramp-Figur können als solche dienen. All das ist gewiß der Verwandlungsfähigkeit nicht besonders zuträglich, die einen ernsten Schauspieler auszeichnen sollte, aber darum geht es eben in der Unterhaltungskunst gerade nicht. Wer den Inhalt eines Theaterstücks in den Mittelpunkt stellt, muß tatsächlich möglichst wandlungsfähig sein, wer aber das Publikum und dessen Reaktionen in den Mittelpunkt stellen möchte, der muß sich eine eigene publikumswirksame Figur schaffen. Das ist ganz sicher eine andere Aufgabenstellung, aber keineswegs die leichtere oder die geringer zu bewertende. Ein guter Komödiant spielt immer sich selbst, gleichgültig welche Rolle er gerade verkörpert!

Meines Wissens ist es noch niemandem gelungen, eine allgemein anerkannte Definition für den Begriff der Kunst aufzustellen, und auch ich möchte keineswegs so vermessen sein, dies hier zu versuchen. Ausgehend von den bisher angestellten Überlegungen, müßte es aber jetzt möglich sein, zumindest den Begriff der Unterhaltungskunst soweit zu definieren, daß er als Grundlage der weiteren Untersuchung dienen kann.

Die Unterhaltungskunst ist eine künstlerische Tätigkeit, die sich an den Bedürfnissen des Publikums orientiert und deren Ziel es ist, durch Lachen, Staunen und die Erzeugung von Spannung und Überraschung das Dasein der Menschen etwas erträglicher zu gestalten.

Aus dieser Definition und aus dem Wort Unterhaltungskunst selbst ergibt sich eine grundlegende Spannung. Der Unterhaltungskünstler bewegt sich immer zwischen der Gefahr der Vermassung und der Gefahr, eine zu elitäre Kunst zu betreiben. Auch Unterhaltung kann elitär sein! Hier den richtigen Mittelweg zu finden, bleibt die Lebensaufgabe eines jeden ernsthaften Unterhaltungskünstlers.

Mit dieser Definition ist auch schon der politische Auftrag des Unterhaltungskünstlers umrissen, der ebenfalls ein Problem beinhaltet. **Reine Unterhaltung wirkt nämlich immer systemstabilisierend.** Sie hilft den Menschen, mit ihrem Schicksal besser fertig zu werden und kann Mut machen und Hoffnung geben. Das in allen Kriegen so verbreitete Fronttheater ist dafür wohl das beste Beispiel. Zur Änderung der Umstände kann reine Unterhaltung kaum anregen. Höchstens das politische Kabarett könnte das leisten, aber es ist nach meiner hier vorgeschlagenen Unterscheidung keine reine Unterhaltungskunst. Nach der im deutschen Sprachraum üblichen Unterscheidung ist es das schon, und damit schließt sich auch der Kreis der Betrachtungen dieses ersten Kapitels.

Widmen wir uns nun also der Kunst der freundlichen Täuschung im besonderen, die, wie ich meine, neben der Clownerie das kunsttheoretisch interessanteste Teilgebiet der artistischen Unterhaltungskunst darstellt.

Der Zauberkünstler als Interpret

"Nur Trödel ist Dein Taschenspielerkram,
wenn Deine Zunge keinen Zauber übt."

Goethe

Die Überschrift dieses Kapitels beinhaltet schon seinen zentralen Gedanken, der keinesfalls unbestritten ist. Viele Zuschauer und manche Fachleute sind der Meinung, ein guter Zauberkünstler erweise sich erst durch die Erfindung eines oder mehrerer Kunststücke als großer Künstler. Ich bin dagegen der Auffassung, daß es sich beim Täuschungskünstler um einen interpretierenden Künstler handelt, der sehr wohl vom Trickerfinder zu unterscheiden ist. Nicht, daß es nicht beide Talente in einer Person vereinigt geben könnte und auch gegeben hat, aber **zum Künstler wird der Trickvorführer erst durch die Erarbeitung einer eigenständigen Interpretation eines bestimmten Experimentes, gleichgültig, ob er es nun selbst erfunden hat oder ob es sich dabei um einen Klassiker handelt.**

Mit dieser Behauptung widerspreche ich einem der größten Zauberkünstler des 19. Jahrhunderts. Jean Eugène Robert-Houdin, der in Paris ein eigenes Zaubertheater eröffnete und zu einem gefeierten Künstler wurde, war der Meinung, ein Zauberkünstler sei eigentlich ein Schauspieler, der lediglich die Rolle eines Magiers spiele. Ich hingegen verspüre absolut keine Lust, die Rolle eines bösen Märchenzauberers oder auch eines Voodoo-Magiers zu über-

nehmen - auch nicht als Schauspieler. Die meisten Kunststücke, die Illusionskünstler heute vorführen, haben mit
den Experimenten echter Magier nicht einmal mehr die
Themen gemeinsam. Deshalb halte ich es - bei allem gebüh-
renden Respekt vor Robert-Houdin als einem der größten
Vertreter unserer Zunft - für treffender, den Täuschungskünstler als einen Interpreten verschiedener bereits erdach-
ter Kunststücke zu betrachten, dessen hauptsächliche
künstlerische Arbeit in der Entwicklung einer eigenen Interpretation überlieferter Klassiker besteht. Was bedeutet in
diesem Fall aber Interpretation? Offensichtlich ist der Spiel-
raum des einzelnen Künstlers in der Zauberkunst größer als
in der klassischen Musik, die ich für den geeigneten Ver-
gleichspunkt halte. Zur Interpretation eines bestimmten
Kunststücks in der Zauberei gehört die Gestaltung des
Handlungsablaufs, seine Anpassung an die eigene Persönlichkeit, die Erarbeitung eines Vortrags oder auch die
Auswahl der geeigneten Musik und bei Großillusionen
möglicherweise auch noch das Erstellen einer Choreographie. **Der Artist ist meistens Autor, Regisseur und Vortra-
gender in einer Person!** Zauberkünstler nennen das, was
bei diesem Prozeß letztlich entsteht, eine Routine, und ich
halte die Erarbeitung einer Routine zu einem bestimmten
Kunststück, die zur eigenen Persönlichkeit paßt, für die eigentliche künstlerische Tätigkeit des Zauberkünstlers.

Damit eng verbunden ist die Entwicklung eines eigenen,
unverwechselbaren Stils, der auch in anderen Kunstformen
als künstlerische Leistung gilt. Dieser Stil wiederum kann
sich nur in einer bestimmten Bühnenfigur des jeweiligen In-

terpreten ausdrücken, was im nächsten Kapitel ausführlicher behandelt werden soll.

Warum ist nun die klassische Musik für mich die Kunst, die ich am ehesten mit der Zauberkunst vergleichen möchte? Zunächst einmal handelt es sich dabei um eine Kunst, die vorgeführt werden muß. Im englischsprachigen Bereich gibt es dafür den Begriff der "performing arts", der im Deutschen nur schwer wiederzugeben ist, aber etwas sehr Wichtiges zum Ausdruck bringt. Ein solcher Künstler tritt vor sein Publikum und führt etwas vor. Er kann das als Solist oder mit einem Ensemble tun, und er muß vor diesem anwesenden Publikum seine Leistung unter Beweis stellen. Alles das trifft für Zauberkünstler und Musiker in gleicher Weise zu. Hinzu kommt noch, daß beide aus einer Tradition schöpfen und die Komposition (oder Erfindung) nur ein möglicher Teil ihrer künstlerischen Tätigkeit ist. Die Interpretation des schon Vorhandenen gilt in beiden Bereichen als ebenbürtige künstlerische Leistung. Dieser Gedanke ist beim Vergleich beider Kunstformen sehr wichtig. In der bildenden Kunst, die häufig als Vergleich herangezogen worden ist, hat Originalität einen wesentlich höheren Stellenwert, und es gibt nicht die konkrete Vorführung. Lediglich eine Performance wäre mit der Zauberkunst vergleichbar, aber ich denke, die Parallelen mit der klassischen Musik überwiegen bei weitem.

Sicher kann man die Tradition der unterhaltenden Täuschung nicht mit der Musik vergleichen, aber dennoch ist es berechtigt, auch in diesem Bereich von einer Tradition - vielleicht sogar von einer großen - zu sprechen. Es gibt durchaus Klassiker der Zauberkunst, die vom Publikum geliebt

werden und immer neue Interpretationen durch große Täuschungskünstler erfahren. Es gibt in dieser Tradition große
Denker, Erfinder, Theoretiker und vor allem eben Interpreten, von denen an anderer Stelle hier noch zu sprechen sein
wird. Und diese Tradition wird eifrig fortgesetzt durch eine
weltweit organisierte Szene von Zauberenthusiasten, die
ständig an neuen Kunststücken und neuartigen Präsenta-
tionsformen arbeiten. Vielleicht dauert es noch einige Jahre,
aber ich glaube, daß die Kunst der freundlichen Täuschung
auf dem besten Wege ist, sich eine Tradition zu schaffen, die
dem Vergleich mit jeder anderen Kunst standhalten kann.

Die Figur des Zauberers

"Es liegt etwas Beleidigendes darin, verstanden zu werden"
Nietzsche

Wer sich in Literatur, Theater oder Film umsieht, wie Zauberer dargestellt werden, wird schnell feststellen, daß ihr Image nicht besonders gut ist. Meist werden sie als bedrohliche, unfreundliche Figuren beschrieben, von denen man sich besser fernhält oder die man sogar bekämpfen muß. Fast immer stehen sie auf der falschen Seite, und in Krimis sind sie häufig die Mörder. Keineswegs besser sieht es in Märchen aus. Auch dort kann man lange suchen, bis man einen Zauberer findet, der nicht die Rolle des Finsterlings spielt, und das weibliche Pendant wird als Hexe gleich ganz negativ beschrieben. Von diesen Vorstellungen sind gerade Kinder im Vorschulalter geprägt, was schon so manchem Zauberkünstler, der vor dieser Altersgruppe mit seinem normalen Programm auftreten wollte, größte Schwierigkeiten bereitete. Es dauerte lange, bis die Zauberkünstler erkannten, daß man sich von diesem negativ besetzten Image befreien und eine eigene Figur schaffen muß, wenn man für Kinder erfolgreich zaubern möchte. Diese Erfahrung hat aber auch vielen Zauberkünstlern geholfen, ihre eigene Bühnenfigur zu finden.

Interessant ist in diesem Zusammenhang die Tatsache, daß es für die negative Darstellung der Zauberfigur unerheblich zu sein scheint, ob es sich dabei um einen echten

Magier oder eben um einen Täuschungskünstler handelt.
Im Märchen werden die schlechten Rollen von Zauberern
und Hexen gespielt, und im Krimi ist der Illusionist der
Mörder, der mit Hilfe seiner Tricks der Geschichte eine
eigene Dimension verleiht. Offensichtlich wird hier also
zwischen der wirklichen Magie und der unterhaltenden
Täuschungskunst kein Unterschied gemacht. Für unsere
Überlegungen ist dieser Unterschied allerdings **entscheidend.**

Schon in der Antike unterschied man zwischen Magier
und Taschenspieler oder auch Becherspieler, der seinen
Namen entweder von der Tasche erhielt, in der er seine Requisiten unterbrachte oder von diesen Requisiten selbst,
denn das meist vorgeführte Kunststück war damals das
Spiel mit Bechern und Bällen oder kleinen Steinen. Die
Künstler, die es vorführten, reisten häufig zusammen mit

Jongleuren, Akrobaten und Tierbändigern oder übten diese Künste zusätzlich selbst aus. Schon durch diesen Kontext war deutlich, daß es sich um reine Unterhaltung und nicht etwa um die Demonstration wirklicher Magie handelte. Allerdings, etwas bedrohlich mögen auf manche Zeitgenossen auch diese Darbietungen der Sinnestäuschung gewirkt haben. Und als zur Zeit der Hexenverfolgung das erste Zauberbuch mit Trickerklärungen erschien, geschah das, um darauf hinzuweisen, daß keineswegs alles, was wir uns nicht sofort erklären können, gleich mit Hexerei zu tun haben muß. Diese "Discovery of Witchcraft" erschien 1584, und ihr Autor, Reginald Scot, rettete mit diesem Buch sicher einigen meiner damaligen Kollegen das Leben, weil sie sich bei einer Anklage wegen Hexerei auf die dort gegebenen Erklärungen berufen konnten. Vielleicht ist dies das einzige historische Beispiel, bei dem Zauberkünstler für die Erklärung ihrer Künststücke auch noch dankbar sein mußten! Heute ist die Verwechslung eines Täuschungskünstlers mit einem echten Magier keineswegs mehr so gefahrvoll, aber sicher wird unsere Zunft mit dieser Möglichkeit immer leben müssen.

Zwei Gedanken waren es in unserem Jahrhundert, die die Theorie der unterhaltenden Täuschungskunst entscheidend weitergebracht haben. Der erste stammt von einem in Fachkreisen sehr berühmten Zauberkünstler, der von Kollegen meist respektvoll als **"der Professor"** bezeichnet wurde. **Dai Vernon** gab den Imperativ **"be natural"** aus und meinte damit, daß ein Illusionskünstler bei einer Trickhandlung genauso natürlich sein müsse, als führe er die gleiche Handlung ohne einen Trick aus. Diese Überlegung hat zur

Konsequenz, daß ein Zauberkünstler sich selbst sehr genau beobachten muß, fast eine Art von Selbstanalyse duchführen sollte, bevor er sich mit einem Kunststück vor sein Publikum wagt. Die genaue Beobachtung der eigenen Bewegungen und damit das Kennenlernen der eigenen Persönlichkeit läßt sich sehr gut in Verbindung bringen mit der Errungenschaft des wahrscheinlich größten Komikers dieses Jahrhunderts: Charles Chaplin - von der ganzen Welt einfach "Charlie" genannt.

Chaplin entwickelte als erster in der Geschichte der Clownerie eine eigene Figur: den Tramp. Während seine Vorgänger nur mehr oder weniger vorgegebene Rollen spielten (Harlekin, Hanswurst, Pierrot etc.), erfand sich Chaplin seine Rolle selbst und schuf den unvergessenen Tramp, mit dem er sich in die Herzen von Millionen Menschen spielte und es durch seine Filme immer noch tut. Damit wurde eine neue Dimension der Clownerie eröffnet, denn von nun an mußte ein Clown, wenn er einen künstlerischen Anspruch erhob, seine eigene Figur schaffen. Grock, Charlie Rivel und Oleg Popov haben das in Vollendung demonstriert, und auch gegenwärtig gibt es viele bedeutende Clowns, die es als ihre Hauptaufgabe betrachten, an ihrer Bühnenfigur zu arbeiten.

Diese Entwicklung konnte auf Dauer auch für die Zauberkünstler nicht folgenlos bleiben; entsprechend halten heute auch viele von ihnen diese Aufgabe für ihr eigentliches künstlerisches Lebenswerk.

Vor nicht allzu langer Zeit galt es als selbstverständlich, daß ein Zauberkünstler im Abendanzug aufzutreten hatte, und wenn es sich um einen Manipulator handelte, mußte es sogar ein Frack sein. Die Möglichkeit, beides anzuziehen, hat der Täuschungskünstler auch heute noch, und es mag nach wie vor viele geben, zu deren Persönlichkeit gerade dieses elegante Auftreten paßt. Aber es gibt eben auch viele andere, die froh darüber sein können, daß es sich dabei nicht mehr um ein unverrückbares Dogma handelt und jeder Zauberkünstler die Freiheit hat, seine Persönlichkeit adäquat auf der Bühne zu präsentieren. Es muß nur stimmig sein! Letztlich haben wir das Charlie Chaplin zu verdanken, aber auch Dai Vernon, denn ihre Überlegungen sind nicht nur etwa zeitgleich entstanden, sondern liegen auch inhaltlich eng beieinander.

Wie aber findet man seine eigene Bühnenfigur? Was ist das für ein Prozeß künstlerischen Schaffens, der zu ihr führt? Was für eine Art Kreativität ist dabei gefragt? Das sind vielleicht Fragen, die sich der eine oder andere Leser jetzt stellt. Letztgültig kann ich diese Fragen nicht beantworten. Ich glaube, es handelt sich dabei um einen sehr individuellen Vorgang. Zumindest legen diesen Schluß die Beschreibungen großer Clowns nahe, die in ihren Autobiographien von der Entstehung ihrer eigenen Figur berichten. Bei Chaplin soll es ein reiner Zufall gewesen sein. Er stöberte in der Requisitenkammer, und dabei fielen ihm Stock, Hut und eine zu enge Weste in die Hand. Der watschelnde Gang soll etwas später dazugekommen sein. Und sollte diese Geschichte nicht wahr sein, so ist sie doch gut erfunden, denn vorstellbar ist ein solcher Glückstreffer durchaus. Bei Rivel und Grock soll der Prozeß länger gedauert haben. Über mehrere Jahre kamen immer neue Ideen hinzu, wobei manchmal das Publikum und manchmal gar der reine Zufall eine bedeutende Rolle spielten.

Auch bei mir selbst war es ein langwieriger Prozeß. So habe ich lange überlegt, ob es sinnvoll ist, lediglich eine Weste während der Vorstellung zu tragen. Die Notwendigkeit, das negative Image des Märchenzauberers bei Kindervorstellungen zu überwinden, zwang mich letztlich dazu, und heute trete ich auch vor Erwachsenen nur noch in Westen auf. Das bietet neben dem eigenen Stil noch die Möglichkeit, leicht die Ärmel hochzukrempeln, was bei einer Zaubervorstellung immer nützlich sein kann. Auch die Farbe (schwarz, weiß, rot) ergab sich im Laufe der Zeit, und die neueste Idee ist die Melone, die nun zu meiner ständigen Begleiterin bei Auftritten geworden ist. Eine kleine Reminiszenz an den großen kleinen Charlie und gleichzeitig ein Zugeständnis an meine etwas rundlichen Formen, zu denen ein Zylinder einfach nicht passen würde. Ob dies nun das fertige "Produkt" ist, vermag ich nicht zu sagen, denn auch ich halte die Arbeit an einer solchen Figur für eine lebenslange Aufgabe.

Die Vorstellung als Kunstwerk

"Die Nachwelt flicht dem Mimen keine Kränze."
Schiller, Prolog zum Wallenstein

Vielleicht erstaunt Sie die Überschrift dieses Kapitels, die gleichzeitig seine grundlegende These enthält. Schließlich wurde doch auf den vorangegangenen Seiten die Erschaffung einer eigenen Bühnenfigur als lebenslange Aufgabe des Unterhaltungskünstlers und damit als sein eigentliches Werk beschrieben. Und nun soll die Vorstellung, also der Auftritt vor einem Publikum, das Werk des Zauberkünstlers sein? Möglicherweise trifft beides zu und läßt sich auch gar nicht ganz voneinander trennen.

Zunächst einmal liegt es auf der Hand, daß das selbst erarbeitete Programm, das aus originalen Routinen besteht, das Werk des unterhaltenden Täuschungskünstlers ist, wenn der Leser bereit ist, den Ausführungen der vorigen Kapitel zu folgen. Und ein solches Programm, das bei Circus- und Varieté-Artisten auch eine Nummer sein kann, existiert natürlich nur in der konkreten Vorstellung. Nur die aktuelle Aufführung kann wirklich das Werk des Unterhaltungskünstlers sein, nicht etwa dessen schriftliche Formulierung, auch nicht die Fotos, die davon existieren mögen, und nur bedingt eine Videoaufzeichnung. Letztere kann lediglich bestimmte Aspekte der Darbietung mehr oder weniger gut für die Nachwelt erhalten. Die tatsächlich während der Aufführung entstehende Atmosphäre kann sie kaum wiedergeben. Eine mögliche Ausnahme stellen Fernsehsendungen dar, die von einem bestimmten Künstler speziell für dieses Medium produziert wurden und insofern von ihm selbst das fertige Produkt als sein Werk verstanden werden kann, das dann auch konservierbar und damit der Nachwelt überlieferbar ist. Das einfache Abfilmen einer Darbietung, die für Live-Vorführungen entwickelt wurde, kann diese Kriterien nicht erfüllen. Als Vergleichskunst bietet sich hier wiederum die klassische Musik an. Das Werk eines Komponisten liegt zwar mit Hilfe der Notenschrift fixiert vor, aber die Interpretation des Werkes durch einen Musiker kann auch nur in Form eines Konzertes existieren. Eine Plattenaufnahme wäre dann mit der erwähnten Fernsehsendung zu vergleichen. Die Idee zu einem Kunststück oder auch die Art der Vorführung kann ebenfalls schriftlich fixiert werden, aber die Interpretation eines Zauberkunststücks existiert genau wie die Interpretation eines Musikstücks eben nur in der konkreten Aufführung.

Die Erklärung der Live-Vorführung zum eigentlichen Werk des unterhaltenden Künstlers birgt allerdings eine Menge Probleme. Nicht nur die oben schon angedeutete Frage, welche Rolle die Bühnenfigur dabei spielen mag, gilt es zu beantworten, sondern auch die Stichworte Vergänglichkeit, Atmosphäre und die Rolle der Zeit sind zu behandeln, wenn man es nicht einfach bei der bloßen Behauptung bewenden lassen möchte.

Das entscheidende Problem ist dabei die Vergänglichkeit. Deshalb hat Schiller mit dem oben zitierten und von dem großen Clown Grock so oft verwendeten Satz sicher recht, denn die Nachwelt kann dem Mimen gar keine Kränze flechten, weil sie keine Möglichkeit hat, eine Vorstellung von ihm mitzuerleben. Zwar können sich auch in diesem Bereich Legenden bilden, zu denen gerade auch Grock gehört, aber aus eigener Anschauung können wir seine Leistung nicht mehr würdigen. Erfahren haben wir davon überhaupt nur deshalb, weil er zu seiner Zeit großen Erfolg hatte. Wäre das nicht so gewesen, hätten wir von ihm, wie von so vielen anderen, überhaupt nichts gehört. Ein Unterhaltungskünstler muß zu seiner Zeit, vor seinem zeitgenössischen Publikum Erfolg haben, sonst wird sein Name gar nicht erst überliefert. Einen verkannten Unterhaltungskünstler, der erst von der Nachwelt richtig gewürdigt wird, dürfte es eigentlich nicht geben, denn es gibt in diesem Metier keine Möglichkeit des Nachruhms. Wer nicht zu seiner Zeit unterhaltend wirkt, wird die Chance zur Wirkung auf die Nachwelt kaum erhalten.

Verschärft wird das Problem der Vergänglichkeit noch, wenn der Unterhaltungskünstler gerade die bei seinen Vorführungen entstehende Atmosphäre als sein eigentliches Kunstwerk betrachtet. Diese läßt sich nämlich auch verbal kaum wiedergeben, und die Vermittlung an die Nachwelt ist beinahe vollkommen unmöglich. Bestimmmte artistische Hochleistungen oder besonders sensationelle Zauberkunststücke können wenigstens beschrieben und somit weitergegeben werden. Bei der Kreation einer bestimmten Atmosphäre scheint mir dies auch als Möglichkeit kaum mehr vorhanden zu sein. Dennoch halte ich zumindest für mich persönlich dies für die größte Leistung des Zauberkünstlers, wenn es ihm gelingt, die Menschen durch Staunen und Lachen dem Alltag zu entrücken und aus einer heterogenen Gesellschaft eine Publikumseinheit entstehen zu lassen. Ein solches Publikum dann noch dazu zu bringen, die Illusion so schön zu finden, daß die Frage nach dem Trick vollkommen unwichtig wird, ist für mich das Höchste, was ein Zauberkünstler zu leisten vermag. Dann kann wirklich von Kunst die Rede sein, obgleich es sich immer noch um Unterhaltung handelt.

Wenn die Atmosphäre einer Zaubervorstellung als eigentliches Kunstwerk gelten soll, dann entsteht dieses Werk nur im Zusammenspiel zwischen Künstler und Publikum. Ohne ein gutes Publikum kann sich die Kunst der Verzauberung nicht einstellen, und insofern muß der Unterhaltungskünstler einen großen Teil seines Erfolges immer mit dem Publikum teilen.

Bevor dieser Gedanke im nächsten Kapitel weiter verfolgt werden kann, muß hier noch abschließend die Frage nach der Rolle der Bühnenfigur innerhalb einer solchen Vorstellung behandelt werden. Sie ist selbstverständlich ein integraler Bestandteil der Vorführung. Nur auf den Auftritt hin wurde sie überhaupt konzipiert, nur innerhalb einer Vorstellung hat sie ihren Platz und ergibt ihre Erschaffung einen Sinn. In gewisser Weise ist sie aber auch derjenige Teil der Vorstellung, der die aktuelle Aufführung zeitlich überdauert und insofern das Problem der Vergänglichkeit etwas entschärft. Die Figur selbst kann auch auf Fotos adäquat zum Ausdruck kommen, und sie wird in wahrscheinlich gleicher Weise auch in der nächsten Vorführung auftauchen. Zwar ist es auch ihr nicht möglich, die Zeitgebundenheit des unterhaltungskünstlerischen Werkes zu überwinden, aber ein kleines überzeitliches Denkmal kann sie für den Künstler, der sie erschuf, durchaus darstellen. Die Bühnenfigur kann auch dem Unterhaltungskünstler ein kleines Stück Unsterblichkeit ermöglichen, aber nur dann, wenn sie den Geschmack seiner Zeitgenossen trifft. Andernfalls wird die Nachwelt auch über sie nichts erfahren.

Die Rolle des Publikums

*"Der Mensch spielt nur, wo er in voller Bedeutung des Worts
Mensch ist, und er ist nur da ganz Mensch, wo er spielt."*
Schiller, Ästhetische Erziehung

Wie schon eingangs kurz angedeutet, nähern wir uns mit
diesem Kapitel dem vielleicht interessantesten Beitrag der
unterhaltenden Täuschungskunst zur Kunsttheorie: der
Frage nach dem Publikum und seiner Rolle innerhalb des
Täuschungsprozesses. Die letzten Kapitel bewegten sich
ganz im Rahmen der klassischen Ästhetik mit ihrer Behand-
lung von Künstler, Werk und jetzt eben dem Publikum.
Schon beim Künstler und der Frage nach dessen Werk ist
deutlich geworden, daß die Unterhaltungskunst allgemein
interessante Spezifika aufweist, die aus dem Anspruch entstehen, unterhalten zu wollen. Bei der Frage nach dem Publikum werden nun diese Eigenheiten gewissermaßen auf
die Spitze getrieben, wobei die Zauberkunst durch ihr Spezifikum, die Illusion, noch einmal eine Besonderheit mehr
aufweist.

**Eine Täuschung existiert nur in den Köpfen der Zu-
schauer. Das Publikum ist der konstituierende Faktor des
Täuschungsprozesses. Es schafft sich seine Illusionen
selbst.**

Das sind die Thesen dieses Kapitels, die es nun zu erläutern gilt. Das Werk eines bildenden Künstlers existiert auch

ohne Betrachter. Musik ist auch dann noch Musik, wenn sie niemand hört. Sie wäre dann vielleicht sinnlos, aber es ist immer noch Musik. Wenn ein Jongleur übt, dann jongliert er selbstverständlich, und ein Seiltanz bleibt ebenfalls ohne Zuschauer immer noch ein Seiltanz. Aber was ist mit den Proben eines Zauberkünstlers? Wenn er vor dem Spiegel steht und ein neues Kunststück einstudiert, dann mag alles so ablaufen, wie später auf der Bühne, aber handelt es sich bei dieser Probe um eine Täuschung? Entsteht dabei eine Illusion? Natürlich nicht, denn ohne Publikum ist eine Illusion undenkbar. Es gehört zu ihr ein Geist, der getäuscht wird und sich täuschen läßt. Ein Geist, der sich einläßt auf das Spiel der Illusionen und damit seinem eigenen Menschsein möglicherweise ein Stück näher kommt.

Ganz ähnlich ist es mit der Unterhaltung allgemein. Ohne ein Publikum, das unterhalten wird und sich unterhalten läßt, ist auch sie nicht denkbar. Immer handelt es sich dabei um einen Prozeß der Gegenseitigkeit, und wenn es sich um Kunst handeln sollte, dann entsteht das Kunstwerk in der Interaktion zwischen Bühne und Zuschauerraum, Manege und Rang, Künstler und Publikum. Dieses gemeinsame Arbeiten an einem Kunstwerk, das Entstehen einer zauberhaften Atmosphäre in dieser Gegenseitigkeit ist es, was die Unterhaltung allgemein und die Zauberkunst im besonderen kunsttheoretisch so interessant und in der Ausübung so faszinierend macht.

Aus diesem Grund ist für den Ausübenden einer solchen Kunst auch der Unterschied zwischen einem Publikum und einer Zuschauermasse so bedeutungsvoll. Für mich stellt er sich so dar:

In einem Publikum zählt noch der einzelne, das Individuum ist mit seinen Reaktionen und persönlichen Eigenheiten erkennbar und auch in der Lage, den Gang des Geschehens zu beeinflussen. Bei einer Masse ist das alles nicht der Fall. In ihr geht der einzelne unter, ist nicht mehr erkennbar. Er kann sich verstecken in dieser großen anonymen Menge. Das hat sicher für manche Menschen auch etwas Faszinierendes an sich, und viele Künstler lieben es gerade, in einer großen Menge zu baden. Die große Anziehungskraft von Popkonzerten bestimmter Größe wäre ohne diese Faszination nicht zu erklären. Ein gutes Publikum aber ist etwas anderes. Es besteht aus einzelnen Menschen, die sich auf das Bühnengeschehen einlassen, es konzentriert verfolgen, an der Interaktion teilnehmen, mit dem Künstler kommunizieren und dabei eben nicht in einer Masse untergehen.

Allerdings hat die Zauberkunst gerade durch ihr Spezifikum ein Problem mit dem Fachpublikum. In jeder anderen Kunstgattung gibt es kompetente Kritiker und Wissenschaftler, die diesen künstlerischen Bereich zu ihrem Forschungsgegenstand gemacht haben. All das gibt es auch in der unterhaltenden Täuschungskunst, aber in weit geringerem Maße. Ein kompetenter Kritiker müßte nämlich um die Geheimnisse der Illusionskunst wissen, und damit wäre er letztlich selbst ein Zauberkünstler. Wenn er aber die Geheimnisse kennt, dann kann er kein richtiger Zuschauer mehr sein, denn er würde in einer Zaubervorstellung nicht mehr getäuscht. Er könnte gerade die Aufgabe, die hier dem Publikum zugewiesen wurde, nicht mehr erfüllen. Wenn ein Illusionskünstler vor einem Fachpublikum auftritt, hat diese Situation immer etwas sehr Künstliches, eben weil dieses Publikum nicht getäuscht wird und damit eigentlich kein richtiges Publikum ist. Streng genommen findet dabei überhaupt keine Zauberkunst statt, denn es kommt ja gar keine Täuschung zustande. Lediglich die Aufführung eines vollkommen neuartigen Kunststücks würde hier eine Ausnahme darstellen. Es kann also in der Kunst der freundlichen Täuschung niemanden geben, der ein kompetenter Fachkritiker wäre und gleichzeitig noch ein richtiger Zuschauer. Der Blick eines solchen Fachmannes ist völlig anders als der eines Laien. Ein solcher Laie wiederum wird nie in der Lage sein, den Zauberkünstler wirklich zu beurteilen, denn er darf das Geheimnis nicht kennen und kann deshalb auch den technischen Schwierigkeitsgrad nicht beurteilen. Lediglich die Präsentation kann er einer Kritik unterziehen. Das mag das wichtigste sein, aber das Fehlen einer wirklichen Fachkritik ist ein Manko, das zu den Spezifika der Täuschungskunst gehört und deshalb hier auch unumwunden zugegeben werden muß. Ansonsten aber ist es tatsächlich die konstituierende Funktion der Rezipienten, die diese Kunst für den Ausübenden so überaus faszinierend macht und dem Publikum eine Rolle zuweist, die es in keiner anderen Kunst in dieser Form spielen kann.

Zur Psychologie der Täuschung

"Die Welt will getäuscht sein."

Platon

Dachte ich es mir doch, daß es einige Leser geben würde, die gleich hier mit dem Lesen anfangen. Falls Sie dazu gehören und damit die Hoffnung verbinden, an dieser Stelle endlich das Geheimnis einiger Zauberkunststücke zu erfahren, so will ich Sie zwar nicht ganz enttäuschen, aber doch auf den Boden der Tatsachen zurückholen. Schließlich handelt es sich hier nicht um ein herkömmliches Zauberbuch mit Effektbeschreibungen und anschließenden Erklärungen. Vielmehr haben Sie ein Buch vorliegen, das sich mit den philosophischen Grundlagen dieser Kunst beschäftigt, aber dazu gehören natürlich auch die psychologischen Gesetzmäßigkeiten, die die Sinnestäuschungen überhaupt erst ermöglichen. Schließlich gingen Psychologie und Philosophie vor gar nicht so langer Zeit noch zusammen, bis die Psychologie sich als eigene Disziplin etablierte. Auch heute muß sich ein Philosoph und insbesondere ein Zauberphilosoph mit der Psychologie befassen, was ich im folgenden tun möchte.

Große Kunst lebt wohl immer von der Beschränkung. Zumindest in dieser Hinsicht ist die Täuschungskunst eine sehr große Kunst, denn die Zahl ihrer möglichen Effekte ist von vornherein begrenzt. Eine Kunst, die auf der scheinbaren Durchbrechung von Naturgesetzen beruht, ist natürlich auch durch die Zahl der bekannten Naturgesetze festgelegt. Meist sind es fünf Grundeffekte, die ein Zauberkünstler mit den Gegenständen seines Tuns erzielen kann: Verschwinden, Erscheinen, Verwandeln, Durchdringen fester Materie und Aufheben der Schwerkraft. Die Wanderung eines Gegenstandes ist dann lediglich die Kombination von Verschwinden und Erscheinen. Hinzu kommen allerdings noch die Effekte der sogenannten "Mentalmagie", die aus der Nachahmung parapsychologischer Phänomene auf tricktechnischer Basis bestehen. Manchmal werden solche Kunststücke auch als Okkulttäuschungen bezeichnet, und die Möglichkeiten dieser speziellen Sparte der Illusionskunst sind fast noch einmal genauso groß wie ihre Grundeffekte. Dazu gehören zum Beispiel Nachahmungen des Hellsehens, der Telepathie, der Psychokinese oder Telekinese, der Präkognition sowie des Fakirismus. Es ist also kein Wunder, daß sich viele Zauberkünstler gerade dieser Sparte verschrieben haben. Leider wird hier nicht immer zugegeben, daß es sich auch dabei "nur" um Zaubertricks handelt, und viele sogenannte Mentalisten verdienen viel Geld damit, daß sie ihr Publikum im unklaren über den tricktechnischen Charakter ihrer Darbietung lassen oder sogar gleich behaupten, übersinnliche Fähigkeiten zu besitzen.

Gerade dieser Bereich bietet viele Möglichkeiten, die Fähigkeit des Menschen, sich selbst zu täuschen, zu studieren. Diese Fähigkeit kann in zwei verschiedenen Formen existieren. Zum einen ist sie wichtig für das Spiel des Illusionskünstlers, der - wie eben ausgeführt - den verständigen Zuschauer benötigt, der bereit ist, seine Täuschungen als

Kunst zu akzeptieren und nicht zwanghaft nach Lösungen sucht. Dies wäre die positive Variante. Die negative besteht darin, daß viele Menschen offensichtlich das Übersinnliche brauchen, um mit den Verwirrungen dieser Welt zurechtzukommen. Deshalb sind sie ständig auf der Suche nach Wundern, und gibt es sie nicht, vollbringt man sie selbst. So wird zum Beispiel die einfache Tatsache, daß zwei Menschen gleichzeitig einen längst verabredeten Anruf tätigen, häufig zum Beweis für die Existenz von Gedankenübertragungen, Künstücke eines Zauberers werden oft zu echten Phänomenen erklärt und dessen Beteuerungen, es handele sich dabei um Tricks, einfach ignoriert. Ob nun aber positiv oder negativ, die Mitwirkung des Zuschauers am Täuschungsprozeß ist für die Illusionskunst unerläßlich, will sie mehr sein als bloßes Rätselraten.

Darüber hinaus gibt es aber viele weitere Arten der Täuschung, von denen ich Ihnen drei im folgenden erläutern möchte. Dabei dürfen Sie auch einen kleinen Blick hinter die Kulissen werfen (also doch!). Es sind **die Prinzipien der optischen Täuschung, der Ablenkung und der kulturbedingten Täuschung.**

Optische Täuschungen werden in der Zauberkunst weit seltener angewandt, als man das gemeinhin vermutet. Dennoch gibt es hier einige Beispiele, die die Grundlagen einer Täuschungspsychologie gut illustrieren können. Zuerst ist dabei sicher an die verschiedenen Kippbilder und andere optische Illusionen zu denken, die in der bildenden Kunst vorkommen. Vor allem das Werk M.C. Eschers muß hier zumeist als beispielgebend herhalten. Aber auch andere Künstler haben die Darstellung des Unmöglichen zu ihrem Thema gemacht. Besonders der Surrealismus bietet viele Beispiele dafür. Dennoch bleibt die Zauberkunst die einzige Kunst, die sich die Mangelhaftigkeit der menschlichen Wahrnehmung zu ihrem grundlegenden Thema gewählt hat. In anderen Künsten tritt dies nur am Rande als ein mögliches Thema auf. So ist es gewiß kein Zufall, daß am Anfang der Filmgeschichte auch ein bekannter Zauberkünstler zu finden ist. George Melies verwandte das damals neue Medium vor allem für die Erzeugung von Illusionen, die auf einer Bühne kaum möglich gewesen wären. Überhaupt beruht der Film ausschließlich auf einer Täuschung, denn würden wir die einzelnen Bilder nicht miteinander verschmelzen, könnte die Illusion einer Bewegung gar nicht erst entstehen. Aber diese Täuschung ist lediglich die wahrnehmungstheoretische Grundlage der Filmkunst, nicht ihr eigentliches Thema. Das bleibt der Zauberkunst überlassen.

Als kleines Beispiel für eine optische Täuschung in der Zauberkunst schlage ich Ihnen folgendes Experiment vor. Nehmen Sie einen Bleistift, einen Kugelschreiber oder auch (so Sie einen haben) einen Zauberstab zur Hand. Halten Sie ihn zwischen Daumen und Zeigefinger locker an einem Ende, so daß er sich horizontal vor Ihrem Körper befindet. Wenn Sie jetzt die Hand in schnellem Rhythmus auf und ab bewegen, wird durch diese Schüttelbewegung sehr schnell die Illusion eines schlangenartigen Gebildes hervorgerufen. Eine Täuschung, die auf der Trägheit unserer Augen beruht und somit auch ein Beispiel für den bekannten Spruch: "Geschwindigkeit ist keine Hexerei" darstellt, der ansonsten ebenso selten Anwendung in der Täuschungskunst findet,

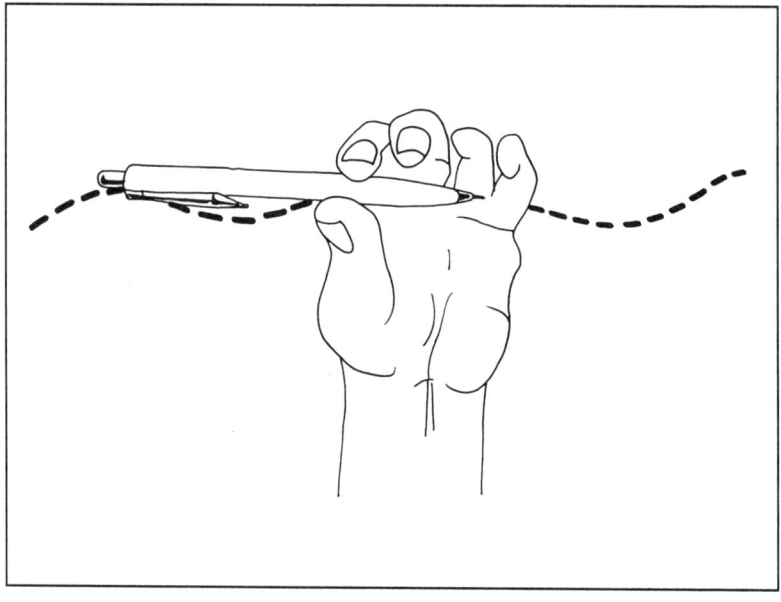

wie die optischen Täuschungen. Wichtig bei diesem kleinen Trick ist jedoch, daß die Finger den Gegenstand wirklich nur ganz locker halten und die ganze Bewegung ausschließlich durch die Hand und das Handgelenk hervorgerufen wird. Das Schöne dabei ist, daß bei richtiger Ausführung auch der Vorführende selbst (das sind jetzt Sie) getäuscht wird.

Und weil es so schön war, hier gleich noch ein Experiment dieser Art. Diesmal benötigen Sie ein Streichholz und eine Sicherheitsnadel. Den offenen Teil der Nadel stoßen Sie durch das Streichholz und schieben es bis zu dessen Mitte. Danach schließen Sie die Sicherheitsnadel wieder. Besser geeignet als ein Streichholz ist ein dickeres Hölzchen, aber dann müssen Sie etwas länger bohren.

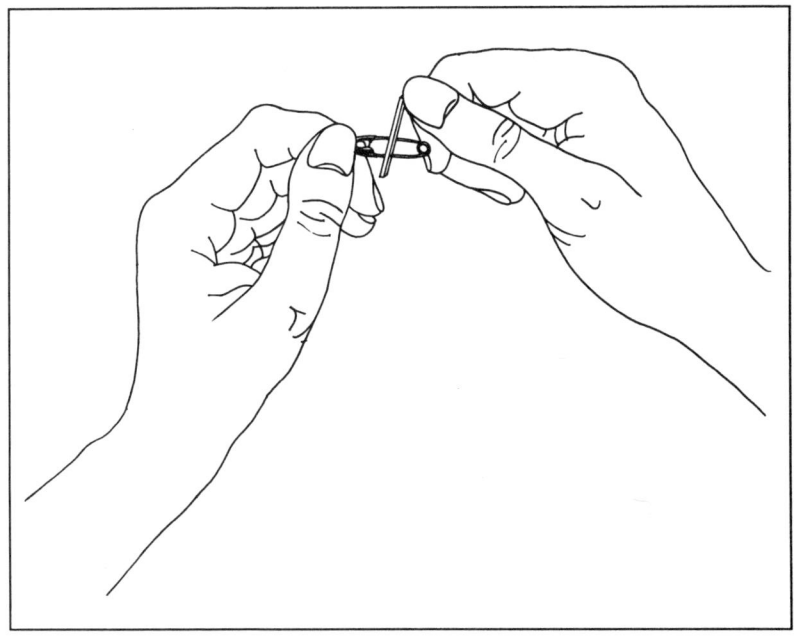

Was Sie jetzt in der Hand halten, ist ein ideales Gerät, um eine wunderschöne kleine Illusion zu erzeugen, die Sie sich ebenfalls selbst vorführen können. Allerdings sollten Sie dazu noch den Kopf des Streichholzes abbrechen. Wenn Sie nun das Gebilde zwischen den Händen halten, mit dem Streichholz nach unten, und gleichzeitig mit dem Daumen dieses Streichholz gegen den nun oberen Teil der Sicherheitsnadel drücken, dann brauchen Sie nur noch den Daumen über das Streichholz abschnippen zu lassen, und es entsteht die perfekte Illusion, das Holz habe den oberen Teil der Sicherheitsnadel durchdrungen. Führen Sie es sich ruhig selbst ein paarmal vor, bevor Sie daran denken, daß durch das Abschnippen das Hölzchen zurückschnippt und der vormals untere Teil auf der anderen Seite ankommt.

Wenn Sie alles richtig machen und Ihr Streichholz nicht zu dünn ist, werden Sie dies selbst bei häufiger Ausführung nicht sehen können, denn unser Auge ist einfach zu träge, um diese schnelle Bewegung wahrzunehmen!

Da Sie nun schon ein Streichholz in der Hand haben, möchte ich Ihnen damit auch noch das **Prinzip der Ablenkung** erläutern. Stellen Sie sich doch einmal folgendes vor: Der Vorführende (das sind wieder Sie) bittet einen Zuschauer zu sich, der eine "magische Haltung" einnehmen soll. Dazu muß er etwas in die Knie gehen und eine Hand nach vorne halten, so daß er zwischen Daumen und Zeigefinger dieser Hand gut ein Streichholz ergreifen kann. Dieses führt der große Zaubermeister nun von oben in einem großen Bogen zwischen die Finger des Zuschauers, und dieser muß, sobald sich das Streichholz zwischen seinen Fingern befindet, so schnell er kann, zufassen. Das Ganze wird nicht etwa als Zaubertrick, sondern als Reaktionstest angekündigt. Diese erste Übung ist sehr leicht, es wird nun schwieriger. Das Streichholz wird dreimal von oben nach unten zwischen die Finger des Zuschauers geführt, und dieser darf zweimal nicht einmal zucken, und erst beim dritten Mal soll er blitzschnell das Streichholz ergreifen und festhalten. Die Bewegungen werden nun auch etwas schneller ausgeführt, und wenn der Zuschauer zuschnappt, stellt sich plötzlich heraus: das Streichholz ist verschwunden! Weil damit (hoffentlich) niemand gerechnet hat, kann der "Test" auch noch einmal wiederholt werden, aber auch diesmal verschwindet das Streichholz auf vollkommen unerkläriche Weise.

Bevor ich Ihnen die Erklärung dazu liefere, denken Sie doch einmal kurz über den Vorgang und die darin verborgenen Täuschungsmöglichkeiten nach. Haben Sie eine Lösung gefunden? Wenn ja, können Sie nun sehen, ob Sie ein eigenes Kunststück erfunden haben oder ob Ihre Lösung der meinen entspricht. Haben Sie keine eigene gefunden, will ich Sie auch nicht weiter auf die Folter spannen. Auf einer ersten Stufe ist die Erklärung wirklich sehr einfach: die verschwundenen Streichhölzer befinden sich in den Haaren des Vorführenden gleich über dem Ohr! Nun ergibt sich allerdings sofort die Frage, wie sie denn dahin gelangt sind. An dieser Stelle wirken die psychologischen Prinzipien, die ich Ihnen mit Hilfe dieses kleinen Kunststücks erläutern wollte.

Vielleicht erinnern Sie sich daran, daß der Zuschauer eine "magische Haltung" einnehmen sollte, bei der er ein wenig in die Knie gehen mußte. Dies hat eigentlich den Zweck, ihn etwas kleiner werden zu lassen, so daß er Ihnen nicht von oben auf Ihr Ohr schauen kann, denn das könnte verräterisch sein. Wenn Sie jetzt das Streichholz in einem weiten Bogen von oben kommend zwischen Daumen und Zeigefinger Ihres Mitspielers bringen, beginnt diese Bewegung ganz in der Nähe Ihres Ohres. Durch die Proben gewöhnen Sie nun den Zuschauer an diese etwas merkwürdige Bewegung, und wenn Sie sie dann dreimal hintereinander in schnellerem Rhythmus vollführen, dürfte es eigentlich kein Problem sein, beim dritten Mal das Streichholz dort in die Haare zu stecken, wobei Sie selbst aber immer auf die Hand des Zuschauers schauen, weil er da ja ebenfalls hinschauen soll. Üben sollten Sie diese Geschichte aber schon, denn die Bewegungen müssen immer identisch sein, ob mit oder ohne Trick. Selbstverständlich stecken Sie das Streichholz auf der den Zuschauern abgewandten Seite in die Haare. Und bitte spielen Sie nach dem vollbrachten Wunder nicht den großen Meister, und betonen Sie auch nicht, daß jetzt das Streichholz verschwunden ist. Statt dessen suchen Sie selbst mit danach und staunen genauso wie die Zuschauer.

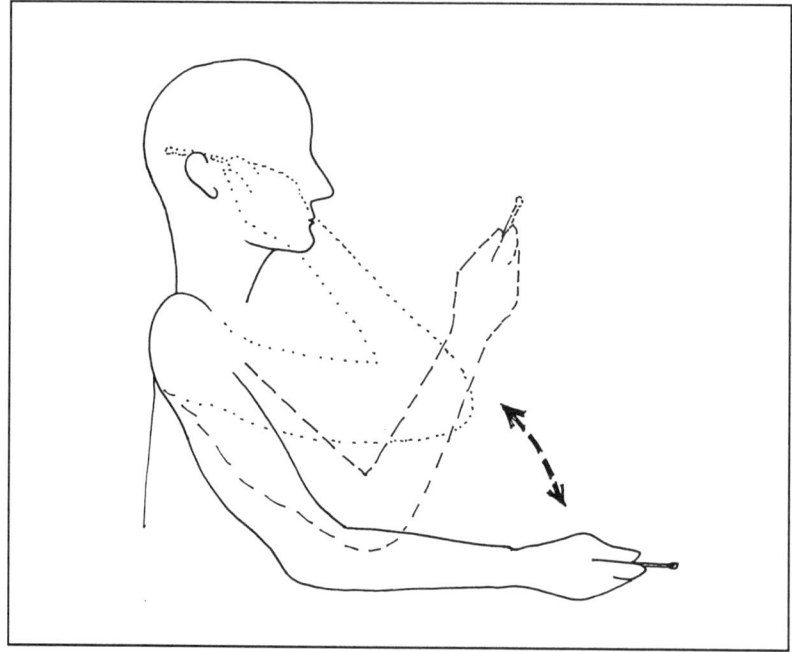

Das ist ein Understatement-Kunststück, bei dem Sie den eigentlichen Trick gar nicht vorführen, sondern mit den Zuschauern zusammen erleben! Schließlich sollte das Ganze ja eigentlich ein Reaktionstest sein und kein großes Wunder. Das Zaubern geschieht dabei sozusagen nebenbei. Deshalb kann es auch sinnvoll sein, das Experiment zu wiederholen, aber Vorsicht: Die Wiederholung eines Zauberkunststücks ist meist sehr gefährlich, denn nun wissen die Zuschauer, was sie erwarten, und sie betrachten den Vorgang ganz anders als bei der ersten Vorführung. Machen Sie das also nur dann, wenn die Zuschauer nicht allzu argwöhnisch sind.

Damit sind wir auch schon bei den Täuschungsprinzipien, die alle in diesem kleinen Kunststück enthalten sind und die ich hier noch einmal zusammenfassen möchte:

- Die Gewöhnung an eine eigentlich unsinnige Handlung, die für die Täuschung aber unabdingbar ist.
- Die Lenkung der Aufmerksamkeit auf einen bestimmten Punkt (die Hand des Zuschauers), wo die Täuschung gerade nicht stattfindet. Also die Ablenkung vom eigentlichen Schauplatz des Geschehens.
- Die Lenkung der Zuschauerblicke durch die eigene Blickrichtung. Das entsprechende Ablenkungsprinzip lautet: Dort wo der Vorführende hinblickt, schaut meist auch der Zuschauer hin.
- Das eigene Staunen, das einen letztlich sehr kleinen Effekt (es verschwindet nur ein Streichholz) erst richtig verblüffend macht.

Ich habe dieses Kunststück ganz bewußt ausgewählt, denn es handelt sich dabei um keine große Sensation, sondern eher um einen schönen Gag, der aber doch die wichtigsten Prinzipien der Ablenkung beinhaltet, die auch bei vielen anderen Kunststücken angewendet werden. Als Mitglied mehrerer Vereinigungen von Zauberkünstlern bin ich aber an das Schweigegebot gebunden, das die Erklärung von Zauberkunststücken in der Öffentlichkeit untersagt.

Was ich Ihnen soeben beschrieben habe, können Sie natürlich auch als ein seriöses Kunststück vorführen. Wenn Sie aber lieber einen kleinen Gag daraus machen wollen, so tut auch das niemandem weh. In dieser Form befindet sich das Kunststück in vielen Programmen professioneller Zauberkünstler: Führen Sie die Geschichte zweimal mit einem Streichholz vor und noch ein letztes Mal mit einer Zigarette oder einem kleinen Bleistift, den Sie einfach hinter Ihr Ohr stecken. Da dieser Gegenstand nun auch noch verschwunden ist, verabschieden Sie den Zuschauer, wobei Sie sich herumdrehen und das ganze Publikum den Gegenstand hinter Ihrem Ohr sieht. Damit ist die Erklärung gleich mitgeliefert (zumindest teilweise), und es handelt sich eben nur noch um einen Gag. Allerdings ersparen Sie sich damit auch den anschließenden Gang zur Toilette, um die Streichhölzer zu entfernen, denn das können Sie nun vor Ihrem Publikum tun.

Ähnlich ungefährlich und interessant ist die Erklärung des letzten Tricks dieser Art, mit dem ich Ihnen das **Prinzip der kulturellen Gewöhnung** erläutern möchte. Dazu befindet sich als Beilage in diesem Buch eine präparierte Spielkarte, die Ihrer Aufmerksamkeit sicher nicht entgangen ist. Dieses Kunststück sollte man eigentlich bei jeder Vorführung erklären, weil die Erklärung fast schöner ist als der Trick selbst. Die Zuschauer sehen ungefähr folgendes: Der Vorführende zeigt eine Spielkarte, die auf der Vorderseite ein Karo As und auf der Rückseite eine Karo Vier zeigt.

Schon dies ist etwas merkwürdig, denn schließlich haben normale Spielkarten an dieser Stelle ein Rückenmuster. Wenn der Vorführende nun aber einmal gegen die Karte schnippt, dann zeigt diese plötzlich auf einer Seite eine Karo Drei und auf der anderen Seite eine Karo Sechs. Dieser Vorgang läßt sich auch wieder rückgängig machen und anschließend beliebig wiederholen.

Da Sie die Karte ja schon in ihrer eigentlichen Form, so wie sie die Zuschauer nicht sehen, vor sich haben, können Sie an dieser Stelle wieder eine kleine Denkpause einlegen und nachforschen, wie man die beschriebenen Bilder den Zuschauern zeigen könnte.

Nun, sind Sie zu einer Lösung gekommen? Bevor Sie sich jedoch Ihre Finger verrenken, beschreibe ich Ihnen den Vorgang wohl besser. Stecken Sie die Karte doch einfach in eine Tasche, so daß sie mit den zwei Karopunkten nach vorne und oben zeigt. Sie können sie dann leicht so ergreifen, daß sie den Punkt, der sich am Rand befindet mit zwei Fingern der rechten Hand abdecken. Halten Sie die Karte so in Richtung der Zuschauer. Die können jetzt nur den mittleren Karopunkt sehen und halten die Abbildung für ein Karo As, weil dieses in einem Kartenspiel nun einmal so aussieht. Da sie an dieses Bild gewöhnt sind, fehlt den Zuschauern nichts zu seiner Vollständigkeit. Um die Karte nun von der anderen Seite zeigen zu können, decken Sie auf der Ihnen zugewandten Seite mit Zeige- und Mittelfinger der linken Hand den mittleren Karopunkt zu und drehen die Karte über die Schmalseite zu den Zuschauern, die nun aufgrund des gleichen Wahrnehmungsmechanismus eine Karo Vier sehen.

Jetzt müssen Sie zaubern, was in diesem Fall bedeutet, daß Sie mit der nun freien rechten Hand gegen die Karte schnippen. Sie können auch einen Zauberspruch sagen, pusten oder etwas ähnlich Sinnloses tun. Hauptsache, Sie machen überhaupt etwas, um die sich vollziehende Verwandlung deutlich werden zu lassen. Um diese zu demonstrieren, decken Sie nun auf der Ihnen zugewandten Seite die leere Stelle mit zwei Fingern der rechten Hand zu und drehen die Karte herum. Die Zuschauer sehen nun genaugenommen zwei Karopunkte und Ihre Finger. Sie glauben aber eine Karo Drei zu sehen, denn den fehlenden Punkt ergänzen sie automatisch dazu, weil sie an das Bild einer Karo Drei in dieser Form gewöhnt sind.

Das funktioniert nicht nur bei Kartenspielern, denn die Anordnung der Punkte auf Würfeln ist die gleiche. Sicher würde diese Täuschung nicht mit Menschen funktionieren, die diese Bilder noch nie gesehen haben, und eben deshalb handelt es sich hier um eine Täuschung durch kulturelle Gewöhnung. Auf die gleiche Weise können Sie nun auch noch eine Karo Sechs zeigen, indem Sie dort ebenfalls die Finger der linken Hand auf die Leerstelle legen und die Karte diesmal wieder über die Schmalseite herumdrehen. Zur Einstudierung dieses kleinen Experimentes ist, wie so oft in der Kunst der freundlichen Täuschung, ein Spiegel sehr zu empfehlen, denn er ermöglicht es Ihnen, gleichzeitig auch die Zuschauerperspektive einzunehmen.

Wenn Sie wollen, können Sie den ganzen Vorgang mehrmals wiederholen, aber aus den schon genannten Gründen machen Sie das am besten nur dann, wenn Sie das Kunststück auch erklären wollen. Und bei diesem dürfen Sie das ja ruhig tun. Wenn Sie natürlich ein kleines Wunder vollbringen möchten, dann machen Sie das Ganze höchstens zweimal und stecken anschließend die Karte weg. Dann hinterlassen Sie ein hoffentlich sehr verblüfftes Publikum.

Ich hoffe, Ihnen mit diesen kleinen Kunststücken einen Einblick in die wichtigsten Prinzipien der freundlichen Täuschung gegeben zu haben. Sollten Sie erwartet haben, sensationelle Großillusionen erläutert zu bekommen, dann sind Sie nun sicher enttäuscht. Aber erstens darf ich solche Erklärungen hier nicht geben und zweitens wäre das auch ganz sinnlos, denn dieses Buch richtet sich doch an ein Publikum, das nicht unbedingt selbst die Illusionskunst erlernen, sondern sie eher als Zuschauer genießen möchte. Was sollte es also für einen Sinn haben, Ihnen hier die Illusionen zu nehmen, deren Erhalt doch gerade das Anliegen des Zauberkünstler ist?

Zur Vervollständigung dieser Philosophie des Zauberns mußte ein kurzer Blick hinter die Kulissen genügen. Nun soll noch ein Blick in die Geschichte der philosophischen Täuschungskunst folgen.

Kleine Geschichte der philosophischen Zauberkunst

"Bedarf's noch ein Diplom besiegelt,
Unmögliches hast Du uns vorgespiegelt."
Goethe in Döblers Stammbuch

Eigentlich ist die Ausübung der Kunst der freundlichen Täuschung immer eine philosophische Tätigkeit. Die angekündigte Täuschung der Zuschauer, die genau das von einem Illusionskünstler erwarten, ist immer dazu angetan, die Menschen zum Mißtrauen gegenüber der eigenen Wahrnehmungsfähigkeit anzuregen. Damit ähnelt das Auftreten eines Zauberkünstlers dem Wirken von Sokrates auf dem Marktplatz von Athen, mit dem er die festgefügten Begriffe seiner Mitbürger ins Wanken brachte. Die meisten Zauberkünstler sind sich jedoch solcher Implikationen ihrer Kunst gar nicht bewußt. Und deshalb ist es sinnvoll, aus der großen Geschichte dieser Kunst einige ihrer Interpreten herauszugreifen, die der Philosophie etwas näher standen oder noch stehen als die meisten ihrer Kollegen. Woran erkennt man nun einen solchen Täuschungskünstler? Ich denke, es ist vor allem die Vortragsgestaltung, die ihn von anderen Vertretern dieser Zunft unterscheidet - die Vortragsgestaltung und der damit verbundene künstlerische, manchmal auch wissenschaftliche Anspruch.

Phillippe
der berühmte Zauberer aus Paris.

Nach dem großen Artistenhistoriker Saltarino kann man die Geschichte der Illusionskunst in drei große Epochen einteilen. Das Altertum, das Mittelalter und der Beginn des 19. Jahrhunderts, mit dem ganz neue Entwicklungen in der unterhaltenden Täuschungskunst auftraten. Diese Einteilung ist deshalb für unseren Zusammenhang so interessant, weil am Anfang des 19. Jahrhunderts auch die Geburtsdaten der drei größten Interpreten der Kunst der freundlichen Täuschung liegen, mit denen die Taschenspielerei langsam zur anerkannten Kunstform wird und damit auch der Beginn der philosophischen Zauberkunst datiert werden kann. Ihre Namen sind Jean Eugène Robert-Houdin, Ludwig Döbler und Dr. Johann Nepomuk Hofzinser. Bis zu ihrer Zeit traten Zauberkünstler im allgemeinen auf Marktplätzen und Jahrmärkten auf und waren von anderen Gauklern nicht zu unterscheiden.

Mit dem Ende des 18. und dem Beginn des 19. Jahrhunderts wird das allmählich anders. Nun gehen die Täuschungskünstler mehr zu eigenen Vorstellungen über, für die sie sich Räume mieten oder sogar eigene Theater eröffnen. Damit ändert sich auch ihr gesellschaftlicher Status und der ihrer Kunst. Die drei genannten Protagonisten dieses Prozesses sind, soweit ich das beurteilen kann, nie auf einem Jahrmarkt aufgetreten, sondern haben sich gleich das Theater - gleichgültig wie groß - zu ihrer Wirkungsstätte erwählt.

Jean Eugène Robert-Houdin (1808-1873) gilt in Fachkreisen allgemein als Vater der modernen Zauberkunst. Als ausgebildeter Uhrmacher fand er erst spät zur Illusionskunst und eröffnete 1845 in Paris sein eigenes Zauberthea-

Lithographie von Robert-Houdin

ter. Er wurde schnell bekannt und erfolgreich, unternahm größere Tourneen und setzte sich bereits früh zur Ruhe, um sich wissenschaftlichen Studien zu widmen. Seinen Namen als Vater der modernen Täuschungskunst hat er sich vor allem durch den Verzicht auf die bis dahin üblichen verhangenen Tische und eine wesentlich modernere Bühnenausstattung erworben. Dafür bezog er häufig Automaten in seine Vorführungen ein, die er sich aufgrund seiner Ausbildung selbst bauen konnte. Für solche Geräte hatte sein Jahrhundert eine große Vorliebe, und so traf er damit genau den Geschmack seiner Zeitgenossen. Geschliffene Vorträge und seine gute Erscheinung taten ein übriges, um aus ihm einen der ersten großen Stars der amüsanten Täuschungskunst zu machen. Seine Memoiren wurden von Alexander Adrion in deutscher Sprache herausgegeben. Dort beschreibt Robert-Houdin auch seinen Einsatz gegen die Marabus (die Priesterkaste der Berber) in Algerien.

1856 wurde er von seiner Regierung in das damalige Kolonialgebiet Frankreichs entsandt, um den dortigen Magiern die Macht eines weißen Zauberkünstlers zu demonstrieren und damit einen sich anbahnenden Aufstand im Keim zu ersticken. Dies gelang ihm vor allem mit einer Demonstration des sogenannten Todesschusses, bei dem der Täuschungskünstler auf sich schießen läßt und die Kugel mit dem Mund auffängt. Durch diese und andere Vorführungen gelang es ihm vortrefflich, seine Mission zu erfüllen. Wir haben es hier mit einem der ganz wenigen Beispiele für einen politischen Einsatz eines Zauberkünstlers zu tun, den er zwar zur Unterstützung des Kolonialismus absolvierte, aber damit immerhin ein größeres Blutvergießen verhinderte.

Einen noch wesentlich größeren Starruhm erlangte sein Kollege und Zeitgenosse **Ludwig Döbler (1801-1864)**. Er muß hier vor allem wegen seiner Bekanntschaft mit Johann Wolfgang von Goethe erwähnt werden, der seine Kunst offensichtlich sehr hoch einschätzte. Immerhin soll er Döbler für private Zauberlehrstunden für seinen Enkel verpflichtet und ihm das obige Zitat ins Stammbuch geschrieben haben. Ansonsten war der gelernte Graveur Döbler so etwas wie der Liebling der Wiener Gesellschaft, die nach ihm alle möglichen Dinge benannte, wovon bis heute nur die Döblergasse erhalten blieb. Auch er unternahm ausgedehnte Tourneen und setzte sich früh zur Ruhe.

Ganz und gar anders verlief das Leben von **Dr. Johann Nepomuk Hofzinser (1807-1875)**, der mit vielen Trickschöpfungen ungeheuer inspirierend auf die Zauberkunst des 20. Jahrhunderts wirkte. Hofzinser war die längste Zeit seines Lebens ein reiner Amateur-Zauberkünstler und hatte eine feste Anstellung als Beamter in der "K.u.K. Tabakregie des K.u.K. Finanzministeriums". Offensichtlich handelte es sich hierbei um keine sehr ausfüllende Tätigkeit, denn Hofzinser konnte nebenbei eine größere Wohnung mieten, deren Salon er als privates Zaubertheater nutzte, um dort dreimal in der Woche seine "Stunde der Täuschung" zu geben. Einige Jahre gehörte es bei der höheren Wiener Gesellschaft zum guten Ton, mindestens einmal Hofzinsers Gast gewesen zu sein. In großen Plüschsesseln sitzend, gab man sich dort der Verzauberung hin, die von den wohlüberlegten Piecen des Meisters, aber auch von seinen geschliffe-

St. JAMES's THEATRE
KING STREET, ST. JAMES'S.

Increasing Attraction.
New Experiments!!

THURSDAY, JUNE 16,
SATURDAY, JUNE 18,

HERR
DÖBLER
Will have the honour of repeating his

SURPRISING PERFORMANCES
of

NATURAL
MAGIC

Lithographie von Ludwig Döbler

nen Vorträgen ausging. Manche davon dürften auf uns heute etwas schwülstig oder gar kitschig wirken, aber zur damaligen Zeit und für diese "Zielgruppe" waren sie ganz offensichtlich ein großer Erfolg, worauf es in der Unterhaltungskunst ja ankommt. Was aber für unseren Zusammenhang noch wichtiger ist: Niemand bestritt den künstlerischen Rang seiner Tätigkeit, und damit gehört Hofzinser wie auch Döbler und Robert-Houdin zu den Begründern einer künstlerisch anspruchsvollen und damit auch philosophisch interessanten Illusionskunst.

Leider war er nicht so erfolgreich, als er sich nach seiner Pensionierung noch zu einer Karriere als professioneller Zauberkünstler entschloß. Eine Krankheit verschlang zu viel Geld für teure Medikamente. Wahrscheinlich waren seine Darbietungen für ein breiteres Publikum auch nicht so gut geeignet. Der vielleicht genialste Täuschungskünstler des 19. Jahrhunderts starb verarmt und verbittert und legte in seinem Testament die Vernichtung all seiner Requisiten und Aufzeichnungen fest. Seine Witwe hielt sich fatalerweise daran. Nur dem Engagement von Ottokar Fischer und später Fredo Marvelli ist es zu verdanken, daß unter Mithilfe eines der Schüler Hofzinsers zwei Bücher mit Rekonstruktionen seiner genialen Kunststücke veröffentlicht werden konnten. Andernfalls wäre der Zauberkunst des 20. Jahrhunderts viel verlorengegangen.

Damit wären wir auch schon im 20. Jahrhundert angelangt, das genau wie in der Philosophie auch in der Illusionskunst dem vorangegangenen so viel verdankt. Ohne die philosophischen Gedankengebäude von Hegel, Marx,

Schopenhauer, Nietzsche, Schleiermacher und Kierkegaard
wäre die Philosophie des 20. Jahrhunderts kaum vorstellbar; und ohne die künstlerische Prägung der amüsanten
Täuschungskunst wäre deren Weiterentwicklung im 20.
Jahrhundert ebenfalls nicht denkbar. Allerdings haben
damals beide Disziplinen voneinander kaum Notiz genommen. Dafür mußte fast noch ein ganzes Jahrhundert verge-
hen. Für die Zauberkunst selbst sind dabei noch viele
weitere Tendenzen und Protagonisten entscheidend gewesen, die aber mit Philosophie nichts mehr zu tun haben.
Deshalb möchte ich auch aus dem 20. Jahrhundert lediglich
diejenigen Künstler kurz behandeln, die mir in ihrer Tätigkeit philosophisch bedeutsam zu sein scheinen. In der
ersten Hälfte des Jahrhunderts sind das vor allem Devant
und Maskelyne, Harry Houdini, Fredo Marvelli und Punx,
der Unfaßliche.

**Nevil Maskelyne (Mitglied einer großen Dynastie von
Zauberkünstlern) und David Devant (1868-1941)** arbeite-
ten zusammen vor allem in London, im ersten dortigen
festen Zaubertheater, der Egyptian Hall. Mit eigenen Vorführungen von hohem künstlerischem Niveau und der Be-
kämpfung des Spiritismus wurden sie überaus bekannt
und erfolgreich. Sie waren mit die ersten, die durch die
Nachstellung angeblich okkulter Phänomene mit Hilfe von
Zauberkunststücken für eine Aufklärung ihrer Zeitgenossen sorgten, ohne dabei unbedingt die Tricks selbst zu erklären. Allein die Tatsache, daß ein Zauberkünstler die gleichen Phänomene vortäuschen konnte, die die Spiritisten für
echt hielten, genügte als Entlarvung. Auf dieser Basis arbei-

teten später auch Houdini und andere Aufklärer. Maskelyne und Devant schufen sich aber auch noch durch ihr Buch "Our Magic" ein Denkmal, denn es enthält die erste umfassende Kunsttheorie der unterhaltenden Täuschungskunst. Auch wenn ich viele der darin ausgeführten Positionen nicht teile, so handelt es sich doch bei diesem Buch sicher um einen Meilenstein in der Entwicklung der Theorie der Illusionskunst, für den wir den Autoren dankbar sein sollten.

Wenig bekannt ist, daß auch **Harry Houdini (1874-1926)**, der legendäre Entfesselungskünstler, ein wichtiges Buch über die Kulturgeschichte der Illusionskunst geschrieben hat, in dem er sich vor allem mit seinem großen Vorbild, Robert-Houdin, auseinandersetzt, an den er auch seinen eigenen Künstlernamen anlehnte. Auch als Entlarver von Spiritisten hat er sich einen bleibenden Ruf erworben, wenngleich sein eigentlicher Ruhm durch die sensationellen Entfesselungen begründet wurde. George Bernard Shaw soll einmal gesagt haben, die drei berühmtesten Männer der Weltgeschichte seien Jesus, Napoleon und Harry Houdini. Zwar ist auch Houdini heute noch vielen Menschen bekannt, und seine Leistungen sind unter Fachleuten unumstritten, mit dem Nachruhm aber hat es ein Unterhaltungskünstler eben doch schwerer als ein Religionsstifter oder Feldherr.

Von völlig anderer Art war der Ruhm **Fredo Marvellis (1903-1971)**, der vor allem durch anspruchsvolle, abendfüllende Programme bekannt wurde, mit denen er die Konzertsäle für die Zauberkunst eroberte. Begonnen hatte er als reiner Varieté-Künstler mit einer kürzeren Darbietung.

Seine wirkliche Begabung lag jedoch in der Schaffung einer ganz besonderen Atmosphäre bei längeren Soloprogrammen. Fredo Marvelli ist deshalb ein gutes Beispiel für die hier entfaltete Theorie, denn das Beeindruckende seiner Interpretation der Illusionskunst existiert heute nur noch in begeisterten Erzählungen einstiger Zuschauer, von denen ich einige kennenlernen durfte. Auch vorhandene Fotos können nur einen schwachen Eindruck eines solchen Marvelli-Abends vermitteln. Die Atmosphäre wiedergeben können sie nicht. Deshalb denke ich auch, daß von ihm bald nur noch als Legende zu berichten sein wird, denn den erzählbaren Großtaten Houdinis hat er in seiner künstlerischen Bescheidenheit nichts entgegenzusetzen. Seine Wirkung bestand in einer wahrhaft künstlerischen Interpretation der Kunst der freundlichen Täuschung, und diese läßt sich späteren Generationen eben nicht so leicht vermitteln. Noch existierende Fernsehaufzeichnungen geben sogar eher einen verfälschenden Eindruck! Allerdings hat sich Fredo Marvelli durch die Mitherausgabe der Bücher über Hofzinser in Fachkreisen einen bleibenden Namen gemacht. Und er begründete auch noch eine kleine Zauberdynastie, indem er seinen Namen und den damit verbundenen künstlerischen Anspruch an einen jüngeren Zauberkünstler weitergab. So existiert also auch heute noch eine Marvelli-Show, jedoch mit einem völlig anderen Programm, denn der Nachfolger hat vollkommen richtig erkannt, daß eine einfache Übernahme der Kunststücke Fredo Marvellis nicht die richtige Art der künstlerischen Nachfolge sein kann. Deshalb schuf er sich zum Teil unter

Mithilfe des Meisters ein eigenes Programm, mit dem er auch heute noch sehr erfolgreich unterwegs ist.

Punx, der Unfaßliche, nannte sich ein anderer Zauberkünstler, der vor allem in den fünfziger Jahren größte Erfolge feiern konnte. Er lebt heute hochbetagt bei München und kann auf ein überaus erfülltes Künstlerleben mit vielen eigenen Kreationen, zahlreichen Veröffentlichungen und einem wundervollen Abendprogramm zurückblicken, das ich leider ebenfalls nur aus Erzählungen kenne. Besonders interessant für unseren Zusammenhang ist an diesem Abendprogramm, daß er sich dafür nicht nur eine Figur schuf, sondern gleich in fünf verschiedene Rollen schlüpfte. Soweit ich informiert bin, handelt es sich dabei bis heute um eine Einmaligkeit. Er trat in fünf getrennten Akten, einem Theaterstück sehr ähnlich, als Cagliostro, Eulenspiegel, Faust, Münchhausen und zuletzt eben als Punx vor sein Publikum. Seine eigentliche Figur ist also Punx, aber auch die anderen Rollen verköperte er so meisterhaft, daß das Nachrichtenmagazin "Der Spiegel" ihn sogar auf der Titelseite abbildete. Eine Ehre, die weder vorher noch hinterher jemals wieder einem Zauberkünstler zuteil geworden ist.

Er war auch einer der ersten, der mit extra produzierten Fernsehsendungen dieses damals neue Medium für die Täuschungskunst erschloß, und so kann seine Kunst auch einem späteren Publikum noch gezeigt werden. Die besondere Atmosphäre des eigentlichen Abendprogramms können wir, die wir nicht dabeigewesen sind, aber nur noch erahnen. Punx war auch Träger des von Fredo Marvelli gestifteten Dr.-Hofzinser-Ringes, bis er ihn an den Trickschöpfer und Herausgeber einer bedeutenden Fachzeitschrift, W. Geissler-Werry, weitergab. Dieser Ring existiert nur einmal und sein jeweiliger Träger muß sich besondere Verdienste um die Zauberkunst erworben haben. Damit schließt sich auch der historische Kreis dieser Betrachtung.

Bevor wir uns nun aber den gegenwärtig auf der Bühne noch aktiven Vertretern einer philosophischen Täuschungskunst widmen, muß hier noch ein Mann gewürdigt werden, der wie kein anderer durch sein Leben und Werk zum Bindeglied zwischen der ersten und zweiten Hälfte des 20. Jahrhunderts in der Zauberentwicklung wurde. **Dai Vernon (1894-1992)**, der "Professor", hat in Theorie und Praxis die Entwicklung der unterhaltenden Täuschungskunst und insbesondere der Kartenkunst in entscheidender Weise geprägt. Seine Bücher, seine Seminare für Zauberkünstler und vor allem sein Grundsatz der Natürlichkeit bei einer Zauberdarbietung ("be natural") haben mehrere Generationen von Täuschungskünstlern beeinflußt. Durch einen Unfall, bei dem er sich beide Arme brach, konnte er diese später nicht mehr völlig ausstrecken. Daraufhin spezialisierte er sich auf die Zauberkunst am Tisch, bei der dieses Handicap nicht auffiel. Vielleicht war gerade dieser Unfall ein großes Glück für die Illusionskunst, wenngleich wir nicht wissen können, welche Leistungen Dai Vernon noch auf der Bühne vollbracht hätte. Für die Kartenkunst war es sicher ein Glücksfall, denn die würde er sicher nicht so entscheidend geprägt haben, hätte er seine hoffnungsvolle Karriere auf der Bühne fortsetzen können. Dies zeigt aber auch die großen Möglichkeiten, die in der unterhaltenden Täuschungskunst stecken, denn welch andere Kunst weist eine so große Spannbreite auf, daß sie eine solche Behinderung auffangen kann? Ein weiteres Beispiel dafür werden Sie gleich noch kennenlernen. Aber die Würdigung Vernons wäre ohne einen Hinweis auf Hofzinser nicht vollständig, mit dem er häufig verglichen wurde. Man schreibt Dai Vernon die gleiche Rolle für die Täuschungskunst im 20. Jahrhundert zu, die Hofzinser für diese Kunst im 19. Jahrhundert hatte. Dr. Hofzinser betrachtete die Kartenkunst als die Poesie der Zauberkunst, und Dai Vernon hat diese Poesie in seinem Jahrhundert in besonderer Weise verkörpert.

Damit sind wir mit unserem kleinen historischen Exkurs bereits in der Gegenwart angelangt. Auch heute gibt es noch viele Vertreter der Kunst der freundlichen Täuschung, die durch ihre wissenschaftlichen Ambitionen, ihre theoretische Arbeit oder ihre künstlerisch anspruchsvolle Interpretation der Illusionskunst das Prädikat "philosophisch" verdienen.

Dem spezifischen Wissen der Zauberkünstler bei der Vortäuschung parapsychologischer und okkulter Phänomene hat sich besonders **James Randi** verschrieben, der für seine Aufklärungsarbeit den sogenannten Genie-Preis der Arthur-Foundation erhielt. Da dieser Preis in der Regel nur an Wissenschaftler vergeben wird, sind wir stolz, daß auch ein Vertreter unserer Zunft ihn einmal erhalten hat. Randi, der sich als Nachfolger Houdinis versteht, gilt weltweit als Kapazität auf dem Gebiet der Okkulttäuschungen.

Als zaubernder Philosoph oder Poet wurde von der Presse häufig **Alexander Adrion** bezeichnet, der durch seine künstlerisch anspruchsvollen Vorführungen intellek-

tuelle Kreise für die Illusionskunst erschloß, zu denen Täuschungskünstler sonst nur selten Zugang haben. Vor allem
in Heinrich Böll fand er einen großen Bewunderer, ähnlich
wie Goethe Döbler bewunderte. Adrion tritt seit einigen
Jahren nicht mehr auf, ist aber als Schriftsteller immer noch
sehr aktiv.

Gegenwärtig ist es vor allem **Wittus Witt**, der mit einem
sehr durchdachten Abendprogramm erfolgreich versucht,
das Theaterpublikum für die Zauberkunst zu begeistern.
Daneben ist er auch im Fernsehen häufig zu Gast und
besitzt eine große Sammlung historischer Zauberkästen,
mit denen er häufig kulturgeschichtliche Ausstellungen ge-
staltet.

Als Lehrer für seine Kollegen machte sich der Schweizer
Zauberkünstler **Roberto Giobbi** einen Namen. In zahlrei-
chen Seminaren und Fachpublikationen hat er vielen Täu-
schungskünstlern die künstlerischen Dimensionen und die
Poesie besonders der Kartenkunst eröffnet - ganz im Sinne
Hofzinsers.

In Spanien ist **Juan Tamariz** ein regelrechter Star. Sein
Spezialgebiet sind ebenfalls Spielkarten, aber auch in
anderen Disziplinen hat er Beachtliches geleistet, wobei er
alle seine Darbietungen in einem sehr eigenwilligen und
etwas verrückten Stil präsentiert. Er schuf sich eine sehr
witzige Bühnenfigur, die es ihm ermöglicht, seine Persönlichkeit perfekt in seinen Vorführungen umzusetzen.
Daneben hat er sich noch als Theoretiker und Herausgeber
von Fachbüchern einen Ruf erworben. Ebenso erhielten
seine Seminare für Fachkollegen weltweit sehr gute Bespre-
chungen.

In Deutschland hat sich am stärksten **Juno** dafür einge-
setzt, daß der Illusionskünstler sich eine eigene Bühnenfigur schaffen muß, will er als Künstler erfolgreich sein. Er
selbst hat diese Theorie für sich mustergültig umgesetzt
und in Seminaren weitergegeben.

Um die Zauberei für Kinder und ihre theoretische Aufar-
beitung hat sich vor allem **Michael Sondermeyer** verdient
gemacht. Mit einer empirischen Untersuchung als pädago-
gischer Diplomarbeit, Seminaren für Kollegen und vielen
öffentlichen Vorführungen hat er gezeigt, daß gerade diese
Form der Zauberkunst eine besondere theoretische Grundlage benötigt und entwicklungspsychologisch hochinteres-
sant ist. Daneben schuf auch er sich eine eigene Bühnenfigur. Zusammen mit einem schönen abendfüllenden Programm gelang ihm damit eine sehr erfolgreiche professio-
nelle Karriere.

In den USA stehen vor allem die Namen **Eugene Burger**,
Richard Hatch und **Max Maven** für eine künstlerisch anspruchsvolle Zauberkunst. Alle haben sich eine ganz eigene
Bühnenfigur erarbeitet und auch mit Philosophie beschäftigt. Burger unterrichtete sogar Religionswissenschaft,
bevor er sich zu einer Karriere als Zauberkünstler entschloß. Richard Hatch hat sich ganz der Kammerkunst verschrieben und setzt in vielen seiner Programme die Täuschungskunst parallel zur Musik, die seine Frau als Violo-
nistin darbietet. Maven widmet sich vor allem der sogenannten Mentalmagie und hat sich wie auch Burger sehr
viel als Fachschriftsteller betätigt.

Abschließend möchte ich noch **René Lavand** erwähnen,
einen einarmigen (!) Zauberkünstler aus Argentinien, der

durch seine perfekte Technik, seine geschliffenen Vorträge und die einmalige Atmosphäre seiner Darbietungen nicht nur seine Behinderung vollkommen vergessen läßt, sondern gerade die Poesie der Kartenkunst, wie sie Hofzinser gemeint hat, in unserer Zeit dem Publikum vermittelt.

Sicher wären an dieser Stelle noch viele weitere Kollegen zu nennen, und ich kann nur hoffen, daß mir diese nicht böse sein werden, wenn sie ihren Namen hier nicht finden. Aber dieser kleine Einblick muß genügen, denn schließlich sollte nur gezeigt werden, daß auch in der Gegenwart die philosophisch fundierte Interpretation der Illusionskunst viele würdige Vertreter besitzt.

Sollten es noch mehr sein als die hier Genannten, um so besser für die Kunst der freundlichen Täuschung.

Vom Zauber des Philosophierens

"Weil sie sich nämlich wunderten, haben die Menschen zuerst
wie jetzt noch zu philosophieren begonnen; sie wunderten sich
anfangs über das Unerklärliche, das ihnen entgegentrat."

Aristoteles, Metaphysik

Zu einer einigermaßen vollständigen Philosophie des Zauberns gehört auch die Umkehrung des Themas. Deshalb hier nun einige Bemerkungen über den Zauber des Philosophierens. Außerdem gibt mir das die Möglichkeit, etwas über die doch recht exotische Existenz eines Zauberphilosophen zu sagen, der sich um die Verbindung dieser beiden für ihn faszinierenden Bereiche bemüht.

Ein Philosoph ist vor allem ein Mensch, der auch dort noch Probleme sieht, wo anderen alles klar zu sein scheint, und häufig Lösungen für Probleme vorschlägt, die andere Menschen noch gar nicht als solche erkannt haben. So zumindest stellt sich mir die spezifisch philosophische Existenz auf einer ersten Stufe dar, und es ist sicher nicht sofort verständlich, was daran faszinierend sein soll. In der Tat ist eine solche Sichtweise der Welt meist als unnötig schwierig verstanden und auch von vielen Philosophen selbst eher als belastend empfunden worden. Hinzu kommt noch, daß man die Philosophie als Fach nur sehr schwer umschreiben und letztgültig kaum definieren kann. Jeder Vertreter dieses Faches hat etwas andere Vorstellungen davon, und meine eben formulierte Sicht wird sicherlich nicht von allen Philo-

sophen geteilt. Allerdings scheint sie mir doch etwas ganz
Entscheidendes richtig zu beschreiben, denn oft wird dem
Philosophen eine gewisse Weltferne nachgesagt, die vielleicht gerade in dieser ständigen Entdeckung von Problemen ihre Ursache hat. Es sei hier einmal dahingestellt, ob
der Philosoph nicht gerade deswegen der eigentlichen Welt
näher kommt als andere Menschen, wie das zum Beispiel
Platons Höhlengleichnis nahelegt. Tatsache ist, daß den Philosophen dieser Ruf der Weltfremdheit vorauseilt, seit der
Vorsokratiker Thales in einen Brunnen fiel, weil er nach den
Sternen schaute und nicht auf den Erdboden. Das Lachen
der Magd, die dies beobachtet haben soll, schallt seitdem
durch die Jahrhunderte, und die sprichwörtliche Zerstreut-
heit des Professors trägt weiter zu diesem Ruf bei, seitdem
Philosophie an den Universitäten durch Lehrstuhlinhaber
vertreten wird.

Diese sogenannten Fachphilosophen sind allerdings
nicht die einzigen Repräsentanten der Philosophie. Und ob
sie überhaupt als Philosophen gelten können, ist eine alte
Streitfrage. Ein berühmtes Bonmot besagt, der Philosophieprofessor lebe **von** der Philosophie, der wahre Philosoph
dagegen lebe **für** die Philosophie. Ein weiteres Problem der
Philosophie besteht in der Abgabe von Kompetenzen. Man
hat den Eindruck, daß eine neue Disziplin, sobald sie interessante Ergebnisse aufzuweisen hat, den Schoß der Philosophie verläßt und sich als eigenständige Wissenschaft etabliert. So ging es mit fast allen Naturwissenschaften und in
den letzten Jahrzehnten auch mit den Sozial- oder Gesell-
schaftswissenschaften. Auch manche Geisteswissenschaf-
ten haben Eigenständigkeit entwickelt. Nur in ihren Ur-

sprüngen ist all das auf die Philosophie zurückzuführen. Was heute für sie übrig bleibt, sind vor allem die Probleme, für die es noch keine allgemein konsensfähigen Lösungsvorschläge gibt. Deshalb konnte Odo Marquard sagen, die Philosophie habe heute lediglich eine "Inkompetenzkompensierungskompetenz". Nach Aussage eines ihrer bekanntesten gegenwärtigen Vertreter kann die Philosophie also nur noch durch geschickte Rhetorik ihre eigene Inkompetenz den wirklichen Problemen gegenüber verbergen. Was soll nun daran faszinierend sein?

Wie schon gesagt, gibt es eben nicht nur den Philosophieprofessor, sondern auch den Philosophen, für den diese Disziplin eine Lebenseinstellung ist, die durchaus tragfähig sein kann. Die Beschäftigung mit Problemen und die Suche nach möglichen Lösungen, die Rezeption großer Theorien und bedeutender Gedanken und das eigene Weiterdenken derselben kann durchaus ein Leben ausfüllen und sinnvoll machen. Hinzu kommt noch die Möglichkeit der Vermittlung dieser Gedanken und des mit ihnen verbundenen Problembewußtseins. Und gerade hierfür kann die Zauberkunst ein geeignetes Mittel sein. Allerdings ein Mittel, das die Philosophen - wahrscheinlich aus Unkenntnis - bisher kaum genutzt haben. Zwar waren der Vorsokratiker Parmenides und der große schottische Aufklärer David Hume der Meinung, daß ein Philosoph sich unbedingt mit der Möglichkeit von Sinnestäuschungen befassen solle. Und Rousseau verwendet im "Emile" einen Zauberkünstler, um dem Zögling einen bestimmten Sachverhalt zu vermitteln. Aber der Taschenspieler selbst kommt dabei eher schlecht weg, und wenn auch Schopenhauer und andere Philosophen von Taschenspielertricks sprechen, so wollen sie damit meist eine konkurrierende Position abqualifizieren. Die Täuschungskunst hat bei den Philosophen also eher einen schlechten Ruf, und die Philosophen wiederum haben meist bei ihren Mitmenschen einen fragwürdigen Ruf. Es ist an der Zeit, daran etwas zu ändern. Gerade die Kunst der freundlichen Täuschung ist in besonderem Maße dazu geeignet, eine philosophische Existenz zu verwirklichen und philosophische Probleme auf der Bühne darzustellen.

Der Zauberphilosoph ist in Wirklichkeit nichts anderes als ein Philosophiedidaktiker, der dem Publikum mit Hilfe der Täuschungskunst die Mangelhaftigkeit der menschlichen Wahrnehmungsfähigkeit vor Augen führt und künstlerisch umsetzt. Abgesehen davon, daß es sicher eine der schönsten menschlichen Eigenschaften ist, aus einem Mangel eine Kunst zu machen, wird der Zuschauer dabei auch in eine Situation versetzt, die derjenigen des Philosophen der Welt gegenüber entspricht. Der verständige Zuschauer kann im Verlauf einer guten Zaubervorstellung eine Haltung des Staunens entwickeln, die schon nach antiker Auffassung der Anfang philosophischen Denkens sein soll. Der Philosoph befindet sich der Welt gegenüber in einem Zustand des Nichtverstehens. Er stellt Fragen, wie die berühmte Leibnizsche, warum überhaupt etwas ist und nicht vielmehr nichts. Fragen, auf die die meisten Menschen nie kommen würden. In einer Zaubervorstellung aber wird jedem Zuschauer gezeigt, daß auch er sich sehr schnell in genau dieser Situation befinden kann und daß selbst einfachste Gegenstände Täuschungsmöglichkeiten und damit

Probleme beinhalten können, von denen er zuvor nicht das geringste geahnt hat. Ein Zauberkünstler ist ja ein Mensch, der bei den normalsten Alltagsgegenständen immer wieder neue Möglichkeiten zur Täuschung sucht und findet. Damit deckt er eine Dimension dieser Gegenstände auf, die sonst im verborgenen bliebe und setzt sie meist in einer Art "Tanz der Hände" um. Diesen schönen Ausdruck, der natürlich nur bei Gegenständen mit einer entsprechenden Größe anwendbar ist, gebrauchte einmal ein Zuschauer nach einem meiner Workshops zur Beschreibung der Tätigkeit eines Illusionskünstlers. Ich übernehme ihn hier gerne, weil er gerade die ästhetische Relevanz der Täuschungskunst sehr schön zum Ausdruck bringt.

Nun hat der Zuschauer zwei Möglichkeiten, mit dieser Situation umzugehen. Er kann sich als Rätselrater betätigen und versuchen, die Geheimnisse des Illusionskünstlers zu entschlüsseln. Ich möchte diese Auffassung als "Krimihaltung" bezeichnen, denn ein solcher Zuschauer versucht, analog zur Suche nach dem Täter im Kriminalroman, mitzudenken und die Ursache für seine Täuschungen zu ergründen. Dies ist auch die Haltung des Philosophen der Welt gegenüber, wenn er versucht, mit komplizierten Theorien eine Erklärung für die Merkwürdigkeiten um ihn herum zu finden. Der Zuschauer einer Zaubervorstellung hat aber noch eine andere Möglichkeit, die dem Philosophen normalerweise nicht offensteht. Er weiß ja, daß es sich lediglich um Tricks und Kunststücke handelt, die ihm eine nicht existente Realität vorspiegeln. Er kann sich also auch einfach zurücklehnen und die gebotenen Illusionen als solche genießen. Diese Haltung setzt allerdings eine große

Reife voraus, denn immerhin muß ein solcher Zuschauer die Größe besitzen, die Begrenztheit der eigenen Wahrnehmungsfähigkeit zu akzeptieren und das, was der Täuschungskünstler daraus macht, als Kunst zu betrachten. Diese Art der Rezeption ist keineswegs selbstverständlich. Kinder in einem bestimmten Alter sind dazu kaum in der Lage, und jeder Zauberkünstler kennt meist aus schmerzlicher Erfahrung auch erwachsene Zuschauer, die sich durch eine gelungene Zaubervorstellung eher betrogen als unterhalten fühlen, eben weil sie zu einer solchen Haltung nicht fähig sind. Wenn es so ist, daß das Staunen eine der edelsten Regungen des menschlichen Geistes und die Fähigkeit dazu nur schwer zu erlangen ist, dann gibt es sicher keine andere Kunst als gerade die Kunst der freundlichen Täuschung, die besser dazu geeignet wäre, diese Fähigkeit den Menschen zu vermitteln.

Eine gelungene Zaubervorstellung macht also aus dem Zuschauer in gewisser Weise einen Philosophen, und insofern ist der Zauberphilosoph eben auch ein Philosophiedidaktiker (Das Wort Lehrer möchte ich an dieser Stelle gerne vermeiden!). Dementsprechend besteht seine Existenz aus Vortragsveranstaltungen, dem Verfassen von Büchern und Artikeln, möglicherweise auch der Lehrtätigkeit an einer Hochschule und vor allem natürlich aus Zaubervorstellungen, die die Fähigkeit des Staunens vermitteln sollen. Die philosophische Haltung, die der gute Zuschauer dabei entwickeln kann, nennt man seit der Antike Skepsis. Es lohnt sich deshalb, dieser Skepsis des Zuschauers im folgenden Kapitel noch etwas nachzuspüren.

Die Skepsis des Zuschauers

"Ich weiß, daß ich nichts weiß."

Sokrates

Seit der Arbeit an meiner philosophischen Dissertation bin ich der Meinung, daß Skepsis und Utopie die beiden wichtigsten Prinzipien gegenwärtigen Philosophierens sind. Damals hatte ich sie als Prinzipien eines Ökologischen Denkens bezeichnet, die mir zur Überwindung der ökologischen Krise als unumgänglich erschienen. Inzwischen glaube ich aber, daß Skepsis und Utopie in gegenseitiger Ergänzung auch hervorragend für die Kunstinterpretation sowie als menschliche Grundhaltungen überhaupt geeignet sind. Es ist hier nicht der Ort, dies vertiefend zu behandeln, aber in bezug auf die unterhaltende Täuschungskunst möchte ich doch etwas näher darauf eingehen. Die Utopie des Illusionskünstlers soll den Abschluß der hier vorgelegten kleinen Betrachtung bilden, und an dieser Stelle muß deshalb die Skepsis des Zuschauers behandelt werden.

Das Wort Skepsis ist abgeleitet von dem griechischen Verb skeptestai, was so viel bedeutet wie "suchend umherspähen". Ein Skeptiker ist also jemand, der sich mit vorgefaßten Meinungen nicht einfach zufrieden gibt, alles immer noch einmal hinterfragen will und sich mit scheinbaren Sicherheiten nicht abfinden möchte. Er behält sich das Recht vor, an allem zweifeln zu dürfen und hält jegliche Erkenntnis nur für vorläufig gültig. Als Forschungsprinzip liegt diese Haltung der gesamten modernen Wissenschaft zugrunde, als philosophische Lebenshaltung ist sie aber schon in der Antike nachweisbar. Vielleicht kann man sogar sagen, daß die Philosophie überhaupt mit einem solchen Zweifel beginnt und zu der bekannten Aussage von Sokrates führt, die diesem Kapitel als Motto vorangestellt ist. Als radikalen Skeptizismus bezeichnet man meist eine Position, die leugnet, daß es überhaupt irgendeine Wahrheit oder eine sichere Erkenntnis gibt oder geben kann. Eine solche Grundhaltung möchte ich dem Leser nicht empfehlen, zumal die Unhaltbarkeit einer solchen Position in der Philosophiegeschichte mehrfach nachgewiesen wurde. Aber die Fähigkeit, alles noch einmal zu hinterfragen, scheint mir doch eine wichtige Grundhaltung zu sein.

Die Philosophie hat nun nach meiner Überzeugung die Aufgabe, genau diese Haltung der Skepsis zu fördern, und die Zauberkunst scheint mir die geeignete Kunstform zur Vermittlung eines solchen Problembewußtseins zu sein. Die Haltung des Skeptikers ist vor allem durch eine große Gelassenheit gekennzeichnet, denn wer sich an keine vielleicht vorläufige Erkenntnis hängt, den kann auch nichts so schnell aus dem Gleichgewicht bringen. In einer Zaubervorstellung würde das bedeuten, daß ein Zuschauer, der sich gar nicht erst dem Zwang zur Ergründung der gebotenen Geheimnisse unterwirft, gerade deshalb eine solche Vorstellung mit der dafür notwendigen Ruhe genießen kann.

Um zu verstehen, warum die Haltung der Skepsis für den heutigen Menschen so wichtig und hilfreich sein kann, wirft man am besten einen kurzen Blick auf das Gegenteil der Skepsis: den Dogmatismus. Ein Dogmatiker ist jemand, der vermeintlich über mindestens eine ganz sichere Erkenntnis verfügt und dementsprechend ein meist sehr festgefügtes Weltbild hat. Er weiß genau, was der Sinn unserer Existenz ist oder auch daß es keinen solchen Sinn gibt. Er weiß genau, wie man in welcher Situation handeln muß, was moralisch richtig oder falsch ist und worauf alles hinausläuft. Fast jede Position kann man dogmatisch oder auch skeptisch vertreten. Bei der Frage nach der Existenz Gottes zum Beispiel sind sowohl der Theist als auch der Atheist eher dogmatisch, während der richtige Skeptiker eine agnostische Position einnehmen müßte, weil er diese Frage für nicht entscheidbar hält. Allerdings kann auch der Theist wie der Atheist seine Position skeptisch vertreten, indem er nicht etwa militant auf der Richtigkeit seiner eigenen Meinung besteht, sondern auch über konkurrierende Positionen ernsthaft nachdenkt und möglicherweise zur Revision seiner eigenen bereit ist. Auch ein Agnostiker muß letztlich immer für bessere Argumente offen sein, wenn er seine eigene Position nicht ad absurdum führen will. Richtig verstandene Skepsis bedeutet also nicht etwa den Verzicht auf eine eigene Meinung, sondern betrifft vor allem die Art und Weise, wie man seine Meinung vertritt. Wer prinzipiell bereit ist, diese zu ändern oder sogar ganz zu wechseln, ist implizit schon ein Skeptiker. Und wer anderen ihre Meinung läßt, auch wenn sie der eigenen vollkommen widersprechen sollte, ohne aber auf eine kritische Ausein-

andersetzung zu verzichten, der besitzt bereits die wichtigste Tugend des Skeptikers: die Toleranz.

Warum sollte nun ausgerechnet die Kunst der freundlichen Täuschung besonders dazu geeignet sein, eine skeptische Grundhaltung und damit auch den Gedanken der Toleranz zu vermitteln? Ganz einfach deshalb, weil ein Zuschauer, der einer Zaubervorstellung folgt, ständig demonstriert bekommt, daß seine Sinne, auf die er sich im Alltag
so fest verlassen können muß, sehr leicht täuschbar sind.
Scheinbare Sicherheiten zu zerstören, ist der notwendige
Inhalt jeder Darbietung eines Zauberkünstlers. Jede Vorstellung dieser Art hat Irritationen zur Folge, die der Zuschauer verarbeiten muß. Und dies gelingt ihm um so leichter, je
stärker er eine skeptische Haltung entwickelt. Ein guter
Zauberkünstler verwickelt sein Publikum immer in eine Art
sokratischen Dialog und läßt es an allem scheinbar so Siche-
ren zweifeln. Er verarbeitet künstlerisch die gleichen Probleme, die die Philosophen im Rahmen der Erkenntnistheo-
rie diskutieren. Insofern ist er eine Art moderner Sokrates,
der die Bühne zum Marktplatz macht und in den Menschen
den Zweifel sät, der sie vor den Gefahren einer dogmati-
schen Haltung und dem damit oft verbundenen Abgleiten
in eine totalitäre Gesinnung bewahrt.

Die Utopie des Illusionskünstlers

"Kunst wäscht den Staub des Alltags von der Seele."
Pablo Picasso

Die Skepsis, wie sie eben skizziert wurde, mag aus sich heraus auch Werte wie den der Toleranz begründen, aber sie kann weder zu konkreten Handlungen anregen, noch für künstlerisches Schaffen ausreichend sein. Sowohl ethisch als auch ästhetisch bleibt sie unbefriedigend, wenn sie nicht durch die Utopie ergänzt wird. Utopie soll dabei als eine **regulative Idee** verstanden werden. Ganz im Sinne des altgriechischen ou-topos (nicht-Ort) bezeichnet sie etwas, was in dieser Welt nicht realisiert und vielleicht nicht einmal realisierbar ist. Ihre einzige Konkretion ist möglich in singulären Handlungen des Menschen, die aus moralischen Antrieben erfolgen, oder eben in der Kunst. Deshalb soll hier nun die Frage behandelt werden, was die Utopie des Illusionskünstlers sein und wie er sie im Rahmen einer Vorstellung punktuell verwirklichen kann.

Eine solche Utopie könnte zunächst einmal der "herrschaftsfreie Diskurs" sein, wie ihn Jürgen Habermas in seiner "Theorie des kommunikativen Handelns" beschrieben hat. Das heißt, der Zauberkünstler kann versuchen, innerhalb seiner Vorstellung eine Atmosphäre zu schaffen, die frei ist von Herrschaftsausübung, in der ein Dialog zwischen Bühne und Auditorium stattfindet, der nicht von Macht geprägt ist und in der die Alltagsunterschiede zwischen den Zuschauern verschwinden bzw. unbedeutend werden. Damit wäre dann auch gleich die nächste Utopie verbunden, die die Kunst der freundlichen Täuschung punktuell verwirklichen kann: die Gleichheit. Wenn Kinder genauso gebannt auf die Bühne schauen wie alte Menschen, wenn der Arbeiter genauso begeistert ist wie der Universitätsprofessor, der Angestellte wie der Konzernchef, dann gelingt ein Stück Utopieverwirklichung, wie sie in ähnlicher Form vielleicht auch die Musik ermöglichen kann, aber die Zauberkunst in besonderem Maße, denn sie ist generations- und schichtübergreifend. In gewisser Weise hat sich jeder Illusionskünstler - bewußt oder unbewußt - auch die altgriechische Sagengestalt Orpheus zum Vorbild genommen. So schön, wie dieser singen konnte, möchte wohl jeder von uns zaubern können. Von Orpheus wird berichtet, daß er selbst Tiere und Pflanzen mit seinem Gesang verzaubern und dem Alltag entrücken konnte. Das ist natürlich die Utopie, eine Vorstellung, die so nicht realisierbar war, ist und nicht sein wird, von der es aber durchaus einen Vor-Schein (Ernst Bloch) geben kann. Und ein kleines Stück davon kann auch eine gute Zaubervorstellung verwirklichen. Insofern ist sie die Antizipation eines utopischen Zustandes, und dies ist ein entscheidendes Kriterium für Kunst überhaupt.

Die Alternative zum Alltag und dessen Herrschaftsverhältnissen augenblickhaft zu verwirklichen, kann durchaus als Gegenstand unterhaltungskünstlerischer Tätigkeit begriffen werden. Beim Zauberkünstler kommt aber noch etwas anderes hinzu: die scheinbare Ermöglichung des Unmöglichen, die Durchbrechung der Naturgesetze, die Erschaffung einer Illusion. Damit ist es dem Zuschauer möglich, nicht nur dem menschlichen Alltag, sondern auch den naturgegebenen Bedingungnen der menschlichen Existenz für die Dauer einer solchen Vorstellung teilweise zu entrinnen. Dies als Teil einer umfassenden Utopie zum eigentlichen Gegenstand einer Kunst zu machen, ist die spezifische Aufgabe des Illusionskünstlers.

Mit diesem Spezifikum durchbricht die Kunst der freundlichen Täuschung auch die Blochsche Ästhetik des Vor-Scheins und die Antizipation des Noch-Nicht. Das ihr zugrundeliegende Utopieverständnis ist ein anderes. Es kann ihr nicht darum gehen, etwas darzustellen, was den Menschen irgendwann einmal möglich sein wird. Weder die Platonische Staatsutopie noch die Marxistische Geschichtsphilosophie können ihre Grundlagen sein. Der Illusionskunst geht es, ihrem eigentlichen Thema entsprechend, um die scheinbare Verwirklichung des Unmöglichen - und zwar des immer Unmöglichen. Es geht also um die Antizipation eines prinzipiell unerreichbaren Zustands, der gerade wegen seiner Unerreichbarkeit eine so große Faszination beinhaltet und diese aus demselben Grund auch nicht verlieren kann. Gerade weil die Utopie des Illusionskünstlers immer eine Utopie bleiben muß, kann sie ein nie endendes Movens seines künstlerischen Schaffens sein. Das Unmögliche wird seine Faszination nicht durch tatsächliche Verwirklichung verlieren können und bleibt deshalb ein unerschöpfliches Thema. Auch der vollendete herrschaftsfreie Diskurs wird den Menschen wohl nicht wirklich möglich sein, und für das Ideal der Gleichheit gilt dasselbe. Aber gerade deshalb bleibt die punktuelle Verwirklichung eine immerwährende Aufgabe der Menschheit, und die Kunst hat die Möglichkeit zur zeitweisen Antizipation dieser Menschheitsträume.

Träume - und Utopien sind letztlich Träume - zu verwirklichen, ist unbedingt ein Thema der Kunst der freundlichen Täuschung, und wegen ihres ureigenen Themas - des Unmöglichen - ist sie auch besonders gut zur Erläuterung dieser Form der Utopie als regulativer Idee geeignet. Damit dürfte sie ihren Status als ernsthafte, aber unterhaltende Kunst erwiesen haben. Ohne eine Utopie könnte der Mensch keine einzige sinnvolle Handlung vollbringen. Immer haben wir eine Vorstellung von den Wirkungen unserer Aktionen, ohne die der Alltag schlichtweg nicht zu bewältigen wäre. Die Utopien der Kunst sind dann natürlich nicht einfach Vorstellungen von tatsächlich eintretenden Wirkungen, sondern Träume von Zuständen, die hier nicht zu verwirklichen, sondern lediglich punktuell zu antizipieren sind. Insofern beinhaltet jede Zaubervorstellung auch eine Auflehnung gegen diese bestehenden Zustände.

Der Täuschungskünstler will sich mit der Gültigkeit der Naturgesetze oder auch mit bestehenden Herrschaftsverhältnissen nicht abfinden und versucht sie deshalb in seiner Vorstellung mit den Mitteln der Illusionserzeugung zu überwinden. Diese Überwindung ist natürlich nur scheinbar, aber eben das ist die Aufgabe der Kunst bei der Erschaffung von Utopien. Wir können sie nur scheinbar und nur augenblickhaft verwirklichen, aber ein Stück von der großen Utopie steckt in jeder Zaubervorstellung, und deshalb stellt sie auch immer eine kleine Revolte dar, ganz im Sinne der Kunstinterpretation von Albert Camus. Gleichermaßen läßt sich die Idee der zeitweisen Befreiung vom alles beherrschenden Willen in der Kunstphilosophie Schopenhauers auf die Illusionskunst anwenden. Überhaupt scheint mir fast alles, was sich die Philosophen von der Kunst erhofft haben, auch für die Zauberkunst möglich zu sein, und wenn sich dieser Eindruck langsam auch bei Ihnen einstellt, dann war die Arbeit an diesem Essay nicht umsonst.

"Die Aufgabe von Euch Künstlern ist es doch eigentlich, die Menschen an bestimmte Urerlebnisse zu erinnern und sie ihnen wieder zu ermöglichen", sagte mir einmal ein Zuschauer nach einer Zaubervorstellung, und er meinte damit vor allem Lachen und Staunen. Beides zu verwirklichen, in einer Atmosphäre der Herrschaftsfreiheit und in ästhetisch anspruchsvoller Form, dürfte die immerwährende Aufgabe des Unterhaltungskünstlers überhaupt und des Zauberkünstlers im besonderen sein. Wenn dies gelingt, was sicher nur selten der Fall ist, dann ereignet sich tatsächlich Kunst in der Interaktion zwischen Bühne und Auditorium. Und dann dürfte es auch unstrittig sein, daß die Illusionskunst eine wirklich große Kunst sein kann, ohne ihren unterhaltenden Charakter zu verleugnen.

Wenn nach einer gelungenen Vorstellung ein Zuschauer zum Künstler kommt und sagt: "Wissen Sie, ich war lange krank, und in Ihrer Vorstellung konnte ich zum ersten Mal wieder richtig lachen. Das wollte ich Ihnen nur noch sagen." Dann weiß man, wofür man die Kunst der freundlichen Täuschung ausübt. Mir ist dieses Glück bisher zweimal zuteil geworden. Seitdem bin ich der festen Überzeugung, daß Lachen und Staunen eine untrennbare Einheit bilden.

Dies war ein Essay über das Staunen, und insofern war das Lachen und dessen ästhetische Relevanz hier nicht das Thema. Ein Essay über das Lachen sollte also folgen und ist bereits in Planung. Nur daß beides zusammenhängt, sollte hier doch noch erwähnt werden - und beides gehört in den Bereich der unterhaltenden Künste.

Fast genauso schön ist aber der schon erwähnte Satz eines Zuschauers: "Das war so schön, ich möchte gar nicht wissen, wie Sie das gemacht haben. Ich möchte mir meine Illusionen erhalten." Beide Aussagen sind Belege dafür, daß die unterhaltende Täuschungskunst wirklich eine Kunst sein und Wirkungen haben kann, von denen auch andere Künstler - auch die Vertreter der ernsten Künste - träumen. Vielleicht weiß ein solcher Zuschauer gar nicht, welche Weisheit aus seinen Worten spricht, aber daß die Illusionskunst sie in ihm hervorrufen kann, dafür sind seine Worte ein Beleg. Und deshalb ist dieses kleine Buch eben auch eine Liebeserklärung an das verständige Publikum.

Andreas Michel

Denken in der Krise

'Ökologisches Denken' bei Albert Schweitzer, Max Horkheimer, Albert Camus und Bertrand Russell. Aspekte einer immanenten Didaktik

(= Sozialwissenschaften und ihre Didaktik - aktuell, Band 9)
340 Seiten, ISBN 3-926952-57-1, DM 68,--

Die philosophische Ökologie-Diskussion ist gegenwärtig vielleicht der gesellschaftlich relevanteste Teil philosophischer Theoriebildung, geht es hier doch um brisante Themen wie unser Verhältnis zu nicht-menschlichen Lebewesen oder die Frage nach den Ursachen für die gegenwärtige Krise, die auch in anderen wissenschaftlichen Disziplinen heftig diskutiert werden.

Die vorliegende Studie führt im ersten Teil kompetent und übersichtlich in die verschiedenen Aspekte dieser Diskussion ein. Im zweiten Teil wird versucht, die Ergebnisse des ersten Teils in Form von 'Prinzipien Ökologischen Denkens' zusammenzufassen. Der dritte und eigentliche Hauptteil ist dem Nachweis dieser Prinzipien bei Albert Schweitzer, Max Horkheimer, Albert Camus und Bertrand Russell gewidmet. Ziel dieser Vorgehensweise ist es, die Bedeutung dieser Denker, die alle die eigentliche ökologische Krise nicht mehr erlebten, für die Bewältigung der Krise aufzuzeigen.

Der Autor hat sich den klaren und einfachen Schreibstil der Protagonisten dieser Arbeit zum Vorbild genommen, so daß der vorliegende Band auch als Einführung in die philosophische Ökologie-Diskussion sowie Leben und Werk der vier großen Denker gelesen werden kann.

Andreas Michel, Jahrgang 1961; Dipl.-Theol., Dipl.-Päd.: Die vorliegende Arbeit wurde 1990 der philosophischen Fakultät der Universität Bonn als philosophische Dissertation vorgelegt.

Verlag Dr. R. Krämer, Postfach 13 05 84, D-20105 Hamburg